SOY LA VIDA
QUE DESEO TENER

ExLibric

JOHANA AÑEZ

SOY LA VIDA
QUE DESEO TENER

EXLIBRIC
ANTEQUERA 2024

SOY LA VIDA QUE DESEO TENER
© Johana Añez
© de la fotografía de la autora: Yoly Bermúdez (@yolybermudezphoto)
Diseño de portada: Dpto. de Diseño Gráfico Exlibric

Iª edición

© ExLibric, 2024.

Editado por: ExLibric
c/ Cueva de Viera, 2, Local 3
Centro Negocios CADI
29200 Antequera (Málaga)
Teléfono: 952 70 60 04
Fax: 952 84 55 03
Correo electrónico: exlibric@exlibric.com
Internet: www.exlibric.com

ISBN: 979-13-87528-56-0
Depósito Legal: MA 2981-2024

Impresión: PODiPrint
Impreso en Andalucía – España

Nota de la editorial: ExLibric pertenece a Innovación y Cualificación S. L.

JOHANA AÑEZ

SOY LA VIDA
QUE DESEO TENER

**Manual de conexión y alineación para
conocerte mejor y experimentar una vida plena**

Dedicatoria

A mis padres, Giovanni y María Victoria, y a mis hermanos, Giovanna y Giomar, por su apoyo y amor incondicional, por todas las experiencias que hemos vivido juntos y que hoy me han traído aquí.

A Marcos, mi compañero de vida, por su incondicionalidad y por elegir acompañarme en cada paso de esta aventura de vida.

A mis hijos, Valeria y Juan Diego, por darme el regalo de ser mi espejo y haber sacado de mí una fase que no conocía.

Contenido

Introducción

Bienvenida a este espacio de contención, guía y apoyo. Gracias por estar aquí, por dedicarte este espacio de crecimiento, evolución y expansión para sumergirte en tu propio mundo. Gracias por confiar en ti, en que es posible vivir la vida que deseas tener y por confiar en mí como tu guía en este maravilloso camino.

Soy la vida que deseo tener es un manual que te ayudará y enseñará cómo vivir desde un estado de conexión y alineación contigo y con la vida para así poder experimentar la plenitud de tu ser.

Todo lo que encontrarás aquí está basado en mi experiencia, estudios y formación, y en la de todas las personas que han experimentado procesos de trabajo personal conmigo. Es un conocimiento muy valioso que, más allá de ser «información», es una aplicación práctica y vivencial para tu día a día.

Amo enseñar y me encanta hacerlo desde la practicidad. Mi trabajo desde hace más de doce años ha estado enfocado en cómo aplicar las enseñanzas al día a día.

Hay mucha teoría y vivimos ahora mismo en la era de la información, puedes encontrarla a un clic de distancia. El reto muchas veces se presenta en cómo aplicar esa teoría a la vida. Porque justo en ese momento en que la mente se nubla y las emociones se desbordan la teoría se disipa.

Entonces, ¿qué hago?, ¿cómo puedo vivir en equilibrio, sintiéndome bien, plena, tranquila y confiada, aun frente a los retos y desafíos? Pues es lo que aprenderás en las siguientes páginas.

Este es un libro que recomiendo leer más de una vez. El cerebro aprende por repetición. Puede que la primera vez que lo leas entre y se active en ti una nueva información que te permita comenzar a tomar conciencia de dónde te encuentras ahora y de hacia dónde quieres ir, poniendo más claridad sobre algunos aspectos que estaban en sombras y definir cuáles serían los siguientes pasos que has de tomar para avanzar, expandirte y crecer.

La siguiente vez que lo leas se activará en ti una nueva información (diferente a la primera) y podrás acceder a un nuevo conocimiento de ti misma. Porque el nivel de conciencia de ti misma y de tu entorno se habrá elevado y, por tanto, despertará en ti un nuevo camino.

Cada vez que releas este libro llegarás a un nuevo lugar. Serán ciclos evolutivos y expansivos de tu ser. ¡Te acompaño!

Te sugiero también dedicar un espacio al día para conectarte con él (con este libro): su lectura va de conexión contigo y con el momento presente. De esta forma podrás sacarle mucho más provecho.

Los momentos en los que yo suelo hacerlo son por la mañana a primera hora luego de mi meditación, junto con mi taza de café y/o por la noche, ya en mi cama, junto a mi taza de infusión. Los he convertido en mi práctica personal de conexión.

Estos dos momentos del día (justo al levantarte y antes de acostarte) son momentos súper poderosos de conexión y creación, ya que la mente consciente está con sus revoluciones un poco más bajas (por la mañana viene de dormir, del descanso y el sueño profundo y por la noche comienza a descender la intensidad para prepararse para descansar).

En esos momentos es, pues, mucho más potenciador poder introducir en la mente una nueva información y que esta penetre más fluidamente en la mente subconsciente, donde se guarda toda la información, los códigos de ejecución que luego vemos manifestados en nuestra realidad. Así que te sugiero utilizar estos dos espacios.

Puedes dedicarte el tiempo que desees/puedas, cinco, diez o quince minutos, en fin, lo importante es que te dediques tiempo de conexión todos los días y que, en lo posible, vaya aumentando progresivamente.

También puedes adaptar la lectura a tu ritmo. Si deseas o sientes la necesidad de releer un capítulo varias veces, hazlo, o de quedarte con una frase y sentirla e integrarla durante el día, hazlo también. No hay una manera correcta o incorrecta de leerlo. La que sientas mejor para ti, es.

También te invito a hacer todos los ejercicios que aquí comparto contigo porque son indispensables y muy poderosos si quieres avanzar. No basta solo con leer, también es importante aplicar, experimentar, vivenciar e integrar todo lo que aquí voy a compartir contigo.

Este libro es un manual único y personal, así que puedes responder los ejercicios aquí mismo, en los espacios destinados para ello, o también puedes tener una libreta para hacer los apuntes y anotaciones que consideres importantes para ti.

¿Estás lista para comenzar?

Porque yo sí, vamos…

Antes de continuar te invito a seguirme en mis redes sociales, allí estaré compartiendo mucha más información:

Instagram: @johana_anez_coach

Facebook: Johana Añez Coach

Y visitar mi página web: **www.johanaanez.com**

PRIMERA PARTE

1

Mi historia

He tenido una vida que considero bastante buena y tranquila; al menos eso pensaba. Lo admití tanto, que hasta hace muy poco no me hice consciente de todos los retos y desafíos que había vivido y «normalizado» desde niña.

Tuve una niñez en la que fui extremadamente protegida en todos los sentidos por todas las personas que me rodeaban, mis padres, abuelas, tíos, primos, en fin, cualquiera que se acercaba a mí, hasta mis profesores. Creo que debía tener como un cartel en la frente de «tratar con cuidado». Ese cartel me lo puso mi padre al nacer.

Mi madre, ya de mayor, me llegó a decir un día que yo era como un florero, que siempre debía estar hermoso y en el centro y que nadie podía tocar. Eso le hacía entender y sentir mi padre. Ella, con la mejor intención y para «evitar problemas», le seguía la corriente, hasta desbordarse internamente sin decir nada.

Así que siento que crecí como la rosa dentro de la cúpula de cristal.

Yo siempre lo viví «bien», para mí era «normal», además mi familia lo hacía con mucho amor, así que nunca sentí resentimientos, ni competencia, ni reproches, ni nada de eso. Siempre sentí amor incondicional por parte de todos.

Sin embargo, durante todos esos años ocurrieron muchas cosas alrededor de mi familia (de tíos, primos y abuelas), experiencias retadoras, desafíos importantes, situaciones muy delicadas. Mis primos fueron abandonados de niños por su madre y fuertemente maltratados. Fueron a vivir luego con mi tío y mi abuela; vivieron una infancia y una juventud muy duras, con conflictos y problemas en la adolescencia, hasta llegar a su muerte.

Situaciones que yo veía desde mi cúpula impoluta y creía que no tenían que ver conmigo, solo con ellos; era como si viviera una película frente a mí. Ciertamente esta película no era en mi grupo familiar primario de padres y hermanos, pero sí muy cercana.

Había un sentimiento extraño en mí, porque yo conocía la esencia de ellos (mis familiares); sabía que eran buenas personas, lo había vivido y sentido, conocía su esencia, su corazón y sabía que era hermoso. Son de las personas que más he amado en mi vida y que seguiré amando por la eternidad. Al principio no entendía por qué vivían esas experiencias, pero luego lo comencé a comprender. Y, desde muy niña, asumí un rol de guía, de ayudar y pasaba horas hablando con ellos, entendiendo lo que su corazón sentía y diciéndoles lo que una niña de diez-doce años podía saber de la vida. A veces decía cosas y luego me preguntaba a mí misma de dónde lo había sacado. Pues ahora lo sé. Mi guía.

Hasta que luego de mucho sufrimiento y dolor sus vidas terminaron de una manera muy dura y repentina. Todos desaparecieron, murieron uno a uno, muy jóvenes, en circunstancias diferentes.

Esto marcó mi vida. Se instaló la creencia de «quiero ayudar a las personas a sentirse bien consigo mismas, a saber quiénes son de verdad y que su pasado no las defina, ni las historias de sus vidas, ni las de sus padres; siempre se puede elegir un camino diferente». Y por eso estoy hoy aquí contándote esta historia.

Luego, en mi juventud, pasados los veinte años, también vivimos en mi familia situaciones muy complejas con mis padres y hermanos, a las cuales no entraré en detalle en este libro porque son sus historias. Pero yo, una vez más, fui testigo silenciosa de todo lo que pasaba; nuevamente estaba yo en la cúpula impoluta viendo la vida pasar afuera. Había dolor, decepción, sufrimiento, culpa…

Yo no sabía qué hacer con todo esto, no sabía si era mío o no, me dolía porque les dolía a ellos, así que una vez más asumí el rol de ayudar, acompañar, estar, guiar y amar incondicionalmente. Era lo que naturalmente me salía hacer, con las palabras que una chica de veinte años podía haber aprendido de la vida. Una vez más siento que no eran mis palabras las que decía. Eran de mi guía.

Así que estas situaciones aparentemente no relacionadas marcaron mi niñez y juventud. Solo hace muy poco tiempo me di cuenta, en un proceso abierto que estaba trabajando en mí, de que yo había vivido todo esto dentro de esa «cúpula», de que me salpicaba, pero yo pensaba que esas experiencias eran solo de ellos y yo era un mero testigo.

Hoy, sin embargo, siento con cada célula de mi ser que la vida me puso en un lugar preciso para vivir, experimentar, conocer de primera mano lo que se siente y, a la vez, en una posición de poder disociar para ayudar. No como la «salvadora» —ese es un programa que reconozco y no deseo—, sino como la que acompaña, guía y sostiene desde un estado de conciencia diferente y una postura más expansiva del ser.

La vida ha sido muy estratégica conmigo (que lo es siempre con todos, solo lo debes reconocer; como dice *Un Curso de Milagros*: «Hay muchas respuestas que ya has recibido pero que todavía no has oído»)[1], colocándome siempre en los puntos, lugares, experiencias, personas y momentos indispensables para activar y cumplir con mi propósito de vida.

Esto activó en mí la vocación de enseñar. Estudié pedagogía en la Universidad Católica Andrés Bello, en Caracas, Venezuela. Y trabajé como profesora de primaria por más de diez años, hasta que un día...

Un nuevo ciclo comienza

Sentí que ya no más, que mi ciclo en aquel lugar había terminado, que lo que iba a entregar allí ya lo había dado, que lo que podía aprender allí ya lo había aprendido. Así que se despertó en mí el deseo de irme de aquel lugar. Era un empleo de plaza pública en el que ya tenía diez años de antigüedad. Pero eso no significaba nada para mí, era un ciclo cumplido en gratitud pero que ahora mi ser me pedía cerrar.

Al principio estaba muy confundida, pues no sabía cómo hacerlo, sin embargo, confié en lo que sentía, confié en mí y en la vida y sabía que todo lo que necesitaba saber me sería revelado.

Ahí fue cuando comenzó mi camino de crecimiento personal. En el año 2011 ocurrió mi despertar. Empecé a leer muchos libros que comenzaban a aparecer en mi camino y cada uno iba sembrando una semilla de conciencia en mí. Comenzaron a ocurrir una serie de sincronías que me llevaron hasta lo que pedía (algo diferente que me ayudara a salir de donde estaba).

---

[1] *Foundation For Inner Peace*, 2015. Cap. 9-II, página 182.

Así fue como apareció la formación de *Coach* en PNL, en la misma zona donde yo vivía y con unas condiciones económicas inmejorables. Recuerdo que sacaba la cuenta de cuánto debía pagar y aún me quedaba corta de presupuesto y mi marido me dijo: «Si quieres hacerlo inscríbete, el dinero siempre estará». Yo le creí, lo sentí, podía notar el remolino de emoción dentro de mí. Y lo hice.

¿Sabes qué? El dinero siempre estuvo y no solo hice esa formación, que fue solo el principio de toda una carrera profesional y un nuevo estilo de vida. Hice todos los programas disponibles: *Practitioner* en PNL, Máster *Coach* en PNL, Terapia con PNL, Oratoria con PNL, *Coaching* para el Bienestar del SER… Y una larga lista de otras formaciones que vinieron a nutrirme desde dentro, porque todo lo aplicaba en mí.

Al cabo de un tiempo la dueña de ese centro de formación que ahora es mi amiga y gran maestra, Albania Escalona, me invitó a trabajar con ella, a diseñar un programa nuevo para su centro y en pocos meses éramos socias comerciales.

Sí, renuncié al colegio en menos de tres meses. *Woww*, pues sí, *woww*, di el paso y creí en que era posible hacerlo diferente para mí. Y sobre todo me escuché, escuché a mi ser, que me susurraba todos los días al oído, y me dejé guiar.

Allí estuve tres años de mi vida, creando nuevas experiencias, aprendiendo de esta nueva etapa y entregando lo mejor de mí. Fueron tres años memorables, con los programas de *coaching* con más de veinte grupos de familias (niños, adolescentes y padres), certificados por nuestro *Programa de Coaching para niños y adolescentes*. Todo extraordinariamente bien, hasta que…

Si tú no te mueves, la vida lo hace por ti

> *(…) las coincidencias son pistas*
> *que nos indican la voluntad del Universo.*
>
> CHOPRA, 2016, 107[2]

Mi ser me dijo: «Johana es tiempo de cerrar nuevamente una etapa, estás lista para algo más». No fue una voz que me hablaba desde el «más allá», fue un sentir, un sentir en todo mi ser.

Así que al principio fue (nuevamente) muy confuso, porque no sabía cómo. Sin embargo, ya había aprendido en mi experiencia anterior de cambio que el cómo inicialmente no me compete a mí, porque simplemente no lo sé. Lo que sí sabía es lo que sentía, así que una vez más confié en mí y en mi intuición, en la sabiduría de mi ser superior, a quien una vez más dejé que me guiara, porque estaba abierta y receptiva a ello.

¿Qué sí sentí miedo? Claro, el miedo es natural y se despierta siempre que estamos frente a una situación nueva. La mente trabaja desde lo conocido, así que cualquier experiencia desconocida será señal de «peligro».

La clave aquí es saber gestionarlo y aunque yo tenía todas las herramientas, estaba muy asociada emocionalmente, lo cual hacía que me costará más. Así que una vez más decidí buscar ayuda.

Fue así como tomé la decisión de cambiar nuevamente de «rumbo de vida», ya no solo profesionalmente sino en todos los sentidos.

---

[2] Chopra, D. (2016). *Sincrodestino / The Spontaneus Fulfillment of Desire: Harnessing the Infinite Power of Coincidence* (G. H. Clark, Trans.). DEBOLSILLO.

Junto a mi familia (mi marido e hijos) decidimos cambiar de país, de cultura y hasta de continente, así que «nos vamos a vivir a Madrid».

Cuando tomamos esta decisión acababa de nacer mi segundo hijo y con él recién nacido comenzamos a hacer todas las gestiones necesarias y pertinentes, legales (de papeles) y económicas. Pusimos en venta todos nuestros bienes, los que habíamos conseguido en doce años de matrimonio. Vendimos nuestro piso en quince días (fue sorprendente) y además nos lo pagaron al contado. Vendimos nuestro coche exactamente cuatro semanas antes de irnos y el mismo día que yo había apuntado en mi agenda que lo pondría en venta. ¡Ni siquiera hizo falta publicarlo! Porque ese día me llamó un familiar y me dijo que un amigo suyo lo quería.

El mismo día vinieron a verlo y ¡ese mismo día tenía yo el dinero de la venta en mi cuenta de banco! ¿Sorprendente? Sí, pero esas cosas pasan cuando estás alineada a tu ser y a lo que realmente eres y quieres.

Ah, ¿por qué Madrid? Porque yo ya tenía doble nacionalidad venezolana/española desde hacía varios años, incluso mucho antes de imaginar que vendría a vivir aquí. Española por mis abuelos maternos que eran canarios y emigraron a Venezuela en los años de dictadura en España. Mi madre, aunque nació en Venezuela, también tenía la nacionalidad de sus padres. Así que mis hijos y yo ya éramos españoles y siento que Madrid nos llamó.

Así, luego de un año de preparación y organización de toda la logística que conlleva una mudanza transatlántica, llegamos a Madrid el 2 de marzo de 2016, en teoría cerca de la primavera, (esas fueron nuestras cuentas) pero recuerdo que hacía un frío terrible para nosotros, como si fuera pleno invierno. Claro, veníamos de clima venezolano tropical con un promedio de 27 a 30 grados todo el año justo en la zona en la que nosotros vivíamos.

Al principio fue súper duro. Mis hijos eran pequeños (uno y ocho años). Llegamos a un piso turístico donde pagábamos por día. Nuestros ahorros se escurrían a diario y esto despertó en nosotros un gran miedo que nos paralizó.

Sin embargo, el miedo no nos podía inmovilizar, teníamos dos niños pequeños que atender, mantener y a los que brindar apoyo, sostén, nutrición, educación… Así que a pesar del miedo seguíamos actuando.

Conseguimos un piso para vivir de forma permanente en quince días (sí, en Madrid, que puede parecer algo sorprendente) y además con todas las condiciones que queríamos, desde el precio hasta el entorno.

Cuando estábamos aún en Venezuela y entrábamos a un portal de alquiler de pisos en Madrid para ver las zonas, queríamos que hubiera parques, colegios cerca y mucho verde. Hubo un lugar en especial que nos llamó la atención y dijimos «allí, nos gusta ese distrito», sin embargo, al llegar aquí cualquier lugar nos daba igual, porque lo que queríamos era un piso para vivir ya. Así que me decían un nombre u otro y a mí todos me daban completamente igual, además de que no conocía ni tenía referencias de ninguno.

El día que nos fuimos a empadronar nos dimos cuenta de que el piso que encontramos en quince días era en el distrito que nosotros queríamos desde Venezuela y que ni siquiera conocíamos. ¡Qué fuerte! Recuerdo que un amigo que vivía ya en Madrid desde hacía muchos años, cuando le dijimos desde

Venezuela el nombre del distrito que nos gustaba, nos dijo «no, ese distrito es muy caro, mejor busquen en otro». Y nosotros: «ah bueno, ck». Simplemente nos pareció interesante su opinión, pero no nos cerramos a ninguna. Al final terminamos allí y sin saberlo. Una vez más, sincronías.

Cuando alimentas el miedo, pierdes

Algunas de nuestras acciones dejaron de ser inspiradas y, en algún momento, perdí la conexión, porque entré bajo la sombra del miedo y este se apoderó de mí.

Tenía muchas ganas de hacer cosas nuevas, continuar con mi proyecto de *Coaching* y PNL en esta nueva ciudad. En esa época las clases por videollamadas no eran tan comunes y populares como ahora, así que tener sesiones *online* no estaba contemplado. Había dejado todos mis grupos de estudiantes y clientes y ahora comenzaba de nuevo desde cero.

Esto no me daba miedo porque ya lo había hecho antes. Sabía hacerlo, sin embargo, también sabía que ameritaba mucho tiempo y dedicación, cosa que, con dos niños, uno de un año, se hacía cuesta arriba. Nunca he querido utilizar a mis hijos como excusa para no hacer lo que quiero hacer así que buscábamos opciones para poder conciliar tiempo de trabajo en casa y darle forma al proyecto nuevamente, para actualizar, diseñar nuevas propuestas y contactar con posibles nuevos clientes. Fue un tiempo muy duro y especialmente agotador emocionalmente. Mis hijos demandaban mucho de nosotros, tiempo, atención, cuidados, y a la vez la nueva vida también.

Así que fuimos encontrando cómo fluir. Tuvimos muchos retos económicos, emocionales y mentales que asumimos y trabajamos con ayuda de mis mentoras y amigas *coaches*. Pude desplazar la sombra del miedo y conectarme nuevamente al amor, a la creación, al mundo infinito de opciones y posibilidades que ya conocía, que sabía que estaba disponible para mí, porque ya lo había vivido y sabía que existía. Solo era cuestión de volver a alinearse con él. También la familia siempre junta ayuda mucho, el estar presente y sostenernos. Eso que yo aprendí de niña me sigue ayudando.

Fuimos encontrando nuestros espacios, lugares, nuevas relaciones, nuevos clientes, los niños fueron creciendo, el más pequeño entró al cole. Mi negocio ha ido en crecimiento y desde que llegué a Madrid solo he trabajado en él. Me mantengo fiel a mi propósito y a mi mensaje.

Y ahora…

Hoy siento que mi propósito es ser yo, cada día más auténtica, la versión más conectada y alineada de mí misma, porque solo desde allí puedo ayudar a otras personas. Y es lo que haré mientras escribo este libro, para acompañarte ahora a ti.

Mientras escribo este libro tengo veintisiete años de relación con mi pareja, veinte de ellos, de matrimonio. Estamos juntos desde los diecisiete años; él me ha acompañado en muchas de esas experiencias y aventuras. Nuestra relación es hermosa, de respeto, comunicación, comprensión e incondicionalidad. Es lo que siento. Tengo que confesar que ha sido muy fácil estar juntos. Él es muy divertido y pasar tiempo juntos es muy placentero. Mis dos hijos tienen en este momento nueve y diecisiete años y son mis grandes espejos y mis mayores maestros. Me han enseñado tanto… Y lo siguen haciendo.

Mi negocio es una marca personal que lleva mi nombre, Johana Añez; he creado en él la **Escuela de Entrenamiento Mental & Gestión Emocional.** Actualmente están activos, entre otros, los siguientes Programas:

- Programa de Acompañamiento Terapéutico Individual.
- Programa de Formación en Gestión Emocional. Que a la fecha va por su novena edición.
- Plataforma de Cursos *Online* Escuela de Entrenamiento Mental & Gestión Emocional.
    - o Programa de Meditación para el Entrenamiento Mental & Gestión Emocional.
    - o Programa Eleva tu Confianza.
    - o Curso de Liberación Mental & Emocional.

Así que, si aún no los conoces y quieres sumergirte y vivir de primera mano estas experiencias de renovación y transformación y trabajar más de cerca conmigo, te invito a visitar sus páginas, a visitar mi web. Puedes escanear el siguiente código QR o entrar al enlace y conocer todos los recursos que hay disponibles para ti. Se incluyen recursos gratuitos para iniciar tu camino.

www.johanaanez.com

¡Qué lo disfrutes y una vez más, bienvenida!

Cómo mi historia puede ayudarte a ti

En este capítulo compartiré contigo claves que he ido aprendiendo a lo largo de mi vida, en diferentes experiencias. Han sido grandes aprendizajes que hoy sigo aplicando a mi día a día.

Cómo mi historia puede ayudarte a ti es un apartado de creencias potenciadoras que he ido forjando, incluyendo en mi nuevo sistema de creencias, activando en mí y que me han permitido avanzar, expandirme y crecer. Y quiero que tú también las puedas aplicar en tu vida ahora:

- Confío en que lo que requiero saber para mi evolución me será revelado en cada paso.
- Confío en mí, en mi intuición y en el proceso natural de la vida.
- Estoy acompañada y sostenida por la vida (puedes llamarlo Dios, Divinidad, Universo, como quieras; y lo que representa esa energía superior para ti, está bien).
- Aunque a veces no lo entienda, avanzo, fluyo y confío.
- A pesar del miedo actúo (especialmente cuando reconozco que el miedo viene de salir de mi zona de confort y se activa al entrar en lo desconocido).
- El amor disuelve el miedo. (Cuando siento miedo es porque se activa un pensamiento limitante, una proyección de mi mente que me quiere «proteger», sin embargo, si identifico conscientemente que no estoy en peligro «real»,

inmediatamente alineo mis pensamientos a uno de amor).

- Confío, confío y confío, y cuando todo se pone oscuro, confío más.
- El cómo sucederán las cosas no depende de mí; de mí depende sentirme bien, alinearme a mi corazón y dejarme guiar por mi intuición.
- El cómo me es revelado con cada paso que doy.
- Amo y creo en las sincronías, que es la forma que tiene la vida de comunicarse conmigo e indicarme el camino.
- Mi mayor intención todos los días es sentirme bien; las emociones son mi sistema de guía.
- El bienestar es mi camino, el bienestar es el camino.
- Cuando siento la necesidad de moverme de lugar, de relación, de trabajo, lo hago. Si no lo hago la vida lo hará por mí. Y esta segunda opción suele ser más dolorosa.
- Suelto lo que me limita, solo así puedo avanzar, expandirme y crecer.
- Buscar ayuda es de valientes y acorta el camino.
- Mientras mejor me siento más avanzo.
- Una mente calmada conecta con la idea más alineada.
- Me abro a vivir nuevas experiencias todos los días.
- Vivo en un mundo de opciones e infinitas posibilidades y estoy abierta a recibirlas.

Ejercicio

A continuación te voy a invitar a que de todas las oraciones anteriores escojas aquellas con las que más te identificas o que te gustaría integrar en ti y que formasen parte de tu experiencia día a día. Puedes rodearlas en la lista y luego aquí debajo escribir cómo puedes aplicarlas en tu vida y a qué situación en específico:

_____

_____

_____

_____

_____

_____

_____

_____

_____

_____

_____

_____

_____

_____

_____

_____

_____

_____

_____

_____

_____

_____

_____

Audio regalo

A continuación, escanea el siguiente código QR o ingresa al siguiente enlace para escuchar el audio regalo de este capítulo.

https://johanaanez.com/soy-la-vida-que-deseo-tener

SEGUNDA PARTE

2

Soy la vida que deseo tener

Soy la vida que deseo tener es un manual de conexión y alineación con tu ser interior que te ayudará a conocerte mejor y así vivir una vida plena y con sentido. Está basado en la experiencia de mi vida y en los años que he dedicado al estudio, la investigación y la aplicación (inicialmente en mi propia vida y luego en la de mis alumnas y clientes) de técnicas y herramientas para el bienestar. Desarrolla un método de alineación aplicable al día a día e integrado a las actividades diarias y permite la flexibilidad de poder adaptarlo hasta luego progresivamente modificar tus días y ajustarlo a tu estado deseado, conectando con el bienestar casi inmediatamente, por supuesto, manteniendo la conexión contigo, activa y cultivada diariamente.

Como ya leíste en el capítulo anterior toda mi vida la he dedicado al servicio de acompañar a caminar hacia el bienestar; enseñar a sentirse bien ha sido uno de mis grandes propósitos, así que pongo a tu disposición toda mi experiencia de vida para ahora acompañarte a ti, aquí.

Descubrí en este camino que cualquier experiencia que deseo vivir, cualquier sensación que experimentar o cualquier manifestación física que recibir, primero debo *serlo*. Debo ser lo que deseo tener: debe estar integrado en mí, en mi cuerpo físico, en mi campo energético, en mis pensamientos y emociones, para que luego desde allí se vea manifestado en mi realidad.

Ejemplo: si deseo tener más amor en mi vida, debo ser amor yo en cada célula de mí, sentirlo, vibrar en él e irradiar de mí. Si deseo tener más abundancia, debo ser abundante en pensamientos potenciadores, emociones elevadas, sensaciones abundantes... Si deseo que haya más comunicación, cariño, alegría... debo serlo yo primero para luego poder experimentarlo y compartirlo con otros.

No puedo dar lo que no tengo, no puedo recibir lo que no doy. Es ley universal, ley de vida.

En este manual encontrarás muchos ejercicios. Si los haces todos y los mantienes continuamente, te ayudarán a conectar con pensamientos más potenciadores y emociones más alineadas que te permitirán elevar tu conexión con el bienestar, día a día. Te sentirás así más presente, plena, segura y confiada de quién eres y de lo capaz que eres, y así podrás avanzar, expandirte y crecer en equilibrio.

No tienes por qué sacrificar tu bienestar para conseguir lo que deseas. Tiene poco sentido, ¿verdad? Pues hay muchas creencias sociales infundidas en ello que exploraremos y derribaremos juntas en los próximos capítulos.

En este libro descubrirás y experimentarás un camino de equilibrio. Te acompañaré paso a paso a lograrlo.

Esto no quiere decir que será todo «color de rosa», quiere decir que, en los momentos de incertidumbre, vacío, retos y desafíos, sabrás cómo gestionarlos para mantenerte en equilibrio y no caer y así poder avanzar. Y si caes emocionalmente, porque somos seres humanos y todas las emociones son válidas y verdaderas, con estas prácticas podrás retomar tu equilibrio más fácilmente. De esto se trata la vida.

En alineación con tu ser interior y el bienestar de tu cuerpo físico podrás caminar cada día hacia eso que deseas, sintiéndote bien contigo, con tu entorno y, lo más importante, disfrutando el camino de tu evolución.

La vida avanza en ciclos expansivos. Cada vez que surge un deseo producto de un estado no deseado comienza un nuevo ciclo en el que hay diferentes factores que potenciar, como, por ejemplo, la confianza, la autoestima, el poder personal, la identidad en este nuevo camino, las capacidades o el reconocimiento de recursos internos y externos, entre otros, y es lo que haremos juntas.

Cada ciclo te llevará de un punto a otro y así a reiniciar con el nacimiento de un nuevo deseo. Este camino, mientras estemos en esta experiencia humana, no termina.

Así que comenzaremos por la identidad, por saber quién eres y reconocerte. Es el primer paso para poder avanzar, expandirte y crecer en equilibrio. Es el pilar fundamental para que todo lo demás fluya. Es el centro para poder construir alrededor de él. Es lo que sostendrá todo el trabajo que haremos juntas. Es la base para hacer crecer tu mundo interno.

¿Quién soy?

Cuando hablamos de identidad ¿qué es lo primero que viene a tu mente? Si te pregunto quién eres, ¿qué es lo primero que sale de ti? Responde mentalmente antes de continuar leyendo.

Puede que salga alguna frase relacionada con alguna actividad a la que te dedicas, a tu profesión o rol, como por ejemplo: madre, profesora, doctora, abogada, emprendedora…

O también que te definas a través de características, por ejemplo: soy amistosa, amable, respetuosa, responsable, divertida… En fin, características personales que te atribuyes en función a tu relación con otros.

¿Cómo?, ¿con otros?

Pues sí, en ambos ejemplos anteriores se parte de un punto de relación con otros. Por ejemplo, cuando dices que eres alguna de tus actividades o roles, eso no es lo que tú eres, eso es lo que haces o tienes, una función o rol que desempeñas: profesora, administrativa, estudiante, asesora o madre, hermana, hija, amiga…

Y todas estas funciones o roles no son quien tú eres, forman parte de tu vida, de lo que haces y tienes, pero no te definen. Tú eres mucho más que eso. Al igual que las características, muchas veces incluso son inducidas por otras personas. Por ejemplo, de pequeña me decían que era muy dulce, cariñosa, amigable y yo me lo creí y lo tomé como válido y cierto para mí. No me malinterpretes, no quiero decir que sea mentira, pero es importante que te descubras tú a ti misma y que decidas ser lo que realmente eres y quieres, y que no sean las ideas de los demás las que calen en ti. Puedes escoger y crear tu personalidad.

Este ejemplo anterior es potenciador y puede que ayude a crear una identidad «sana», pero imagina que fuese al contrario. «De pequeña me decían que era tonta, lenta, patosa, torpe… y me lo creí». Hay personas que llevan toda la vida cargando con etiquetas que le han puesto otras personas, bien sean padres, profesores u otros familiares o amigos desde niños.

Así que es momento de que descubras realmente quién eres y eso es lo que exploremos juntas aquí.

También quiero que tengas presente que la identidad es permeable, es decir, que en la medida en que vamos avanzando y evolucionando en la vida, la identidad también va cambiando. Porque vamos viviendo nuevas experiencias que nos hacen aprender nuevas lecciones, lo que propicia que internamente nos transformemos, y a veces externamente también, de lo que era a lo que soy.

Estamos en constante cambio y transformación. Cuando vivimos desde un estado de conciencia activa, en conexión con nuestro ser interior, la persona que fuimos ayer puede que ya no la seamos hoy e incluso la de esta mañana puede que ya se haya transformado. Tenemos ese gran poder.

Yo, con cada palabra que escribo en este libro me estoy transformando. Eso quiere decir que podemos evolucionar en cada minuto de conexión.

A continuación, te invito a preguntarte «¿quién soy?» y puedes escribirlo aquí debajo. Te voy a dar varias recomendaciones y pistas para que sea lo más alineado posible a tu ser:

- Escribe aspectos que solo dependan de ti, es decir, que no estén basados en tu relación o interrelación con otras personas. Ejemplo: si yo digo que soy amorosa, ¿cuál sería la raíz de esa afirmación? Que soy amorosa con otros, ¿cierto?, entonces no estoy hablando de mí, estoy hablando de mi relación con otros. ¿Me sigues?
- Te doy un ejemplo más alineado: si quiero referirme a que el amor forma parte de mi vida, entonces puedo decir: «Yo soy amor».Y aquí estás haciendo referencia a ti y solo a ti. Esa es quien tú eres.

Yo soy…

_____
_____
_____
_____
_____
_____
_____
_____
_____
_____
_____
_____
_____
_____
_____
_____
_____
_____
_____

Está bien, las que hayan salido, está bien; si quedó espacio en blanco, también está bien. Ahora te voy a pedir que cada día, durante los próximos treinta días, regreses aquí o a tu cuaderno y agregues una más. Y al cabo de treinta días habrás explorado y expandido tu identidad y, lo más importante, habrás cultivado tu autoconcepto. Recuerda que esta es la base del crecimiento, la evolución y expansión de tu ser.

Porque eres la vida que deseas tener.

Dentro de la identidad también hay otros aspectos importantes que hay que reconocer basados en la autovaloración y que explicaremos a continuación.

Estos conceptos y cómo integrarlos al día a día los trabajé hace muchos años con mi compañera y amiga Carolina Pérez, certificada en la filosofía de Louise Hay «Heal your life». Juntas impartimos una formación para adolescentes donde cruzamos esta información con afirmaciones diarias y el resultado fue poderoso. Lo comparto contigo aquí:

Pilares de la autovaloración

1. Autoconcepto, este punto ya lo hemos explorado en el apartado anterior. Y corresponde a lo que hayas colocado en tu ejercicio de *«Yo soy»*.

Tomando en cuenta que la identidad es permeable y se va transformando día a día, también podemos hacer esta transformación deliberadamente, es decir, podemos utilizar el principio de autosugestión, del cual hace mención Napoleón Hill en su libro *Piense y hágase rico.*[3] (Hill, 2012, 89)

Definiendo la autosugestión como «el medio para influir en el subconsciente» se quiere decir que podemos influir sobre nuestra conducta, sobre lo que pensamos, sentimos, sobre lo que somos y lo que queremos ser.

---

[3] Hill, N. (2012). *Piense y hágase rico.* EDICIONES OBELISCO S.L.

Así que, en este sentido, te invito a sumar a tus descripciones de quién eres frases que te gustaría incorporar e integrar en ti. Ejemplo: si te gustaría sentirte más segura, puedes agregar alguna frase como «Yo avanzo con determinación cada día», «Soy determinación, fuerza y convicción», «Soy valiosa y merezco lo mejor». Por cierto, esta última afirmación fue creada por mi maestra y hoy buena amiga Albania Escalona, Master *Coach* en PNL.

Y puedes estar pensando: «Johana, eso sería engañarme, porque no es verdad». Pues esto me lo han dicho muchas veces ya: a la mente le gusta analizar, controlar, etiquetar, razonar... Es su función natural y está bien. Sin embargo, en este sentido estamos trabajando con la mente subconsciente, que no está analizando ni razonando nada, ella toma todo lo que le dices, sientes o escuchas con frecuencia y lo «normaliza», lo integra y luego te lo muestra como tu realidad.

Tal y como lo explica el Dr. Joseph Murphy en su libro *El poder de tu mente subconsciente* (él llama «cuarto oscuro» a la mente subconsciente):

> *Y el cuarto oscuro de tu subconsciente está repleto de nuevas y grandes ideas; debido a esto, no tienes por qué preocuparte en reemplazar las antiguas. No pierdas más tiempo y empieza a pensar en todo aquello que sea verdadero, adorable y noble, y verás como pronto serás poseedor de estas cualidades.*
>
> MURPHY, 2009, 21[4]

---

[4]   Murphy, J. (2009). *El Poder de tu mente subconsciente: Usando el poder de tu mente puedes alcanzar una prosperidad, una felicidad y una paz mental sin límites*. Arkano Books.

Cuando dice «verdadero» hace referencia a lo que es verdad para ti y tu nueva verdad es la que estás creando ahora.

Si actúo tal como soy, seré.
MURPHY, 2009, 105

Así que mi invitación es a estar muy atenta a tus pensamientos. Conviértete en la observadora de lo que pasa por tu mente, en la guardiana. Y de lo que no te gusta, de lo que no quieres presente en tu vida, simplemente no hables, ni piensen más en ello, sácalo de la ecuación, porque cada vez que hablas de ello lo activas. Cada vez que piensas un pensamiento lo estás reforzando.

Si algún pensamiento negativo o limitante te visita, simplemente obsérvalo como en la gran pantalla de tu mente, disóciate de él (que significa mirarlo desde afuera como observadora) y déjalo pasar, no te identifiques con él, porque no eres él, incluso ese pensamiento no tiene que ser verdad. Así que si no te gusta ese pensamiento déjalo pasar y escoge en su lugar uno que te haga sentir mucho mejor, por ejemplo, uno de confianza, oportunidades o compasión.

Te voy a invitar hacer este ejercicio durante el día de hoy:

Estate atenta a lo que piensas y cualquier pensamiento negativo o limitante que te visite en este día apúntalo en tu libreta (si aún no tienes una para tus ejercicios y apuntes de este libro te lo sugiero) y al final del día observa cómo son proyecciones de tu mente, cómo la mayoría no son ciertos o incluso no existen, cómo no te identifican y no son lo que tú eres y, conscientemente, elige soltarlos y dejarlos ir. Uno por uno puedes tacharlos de tu lista y al final repite: «Elijo lo que pienso, elijo lo que creo, lo que elijo es mi verdad y nada más».

A continuación, escribe tus nuevos pensamientos, esos que te hagan sentir bien y representen la nueva realidad que quieres ver manifestada en tu vida ahora.

_____
_____
_____
_____
_____
_____
_____
_____
_____
_____
_____
_____
_____
_____
_____
_____
_____
_____
_____

2. Autoestima. Uno de los conceptos más sonados, puede que lo hayas escuchado muchas veces. Yo antes de comenzar con todo este camino de experiencia consciente de vida y formación era el único que conocía. Sin embargo, luego descubrí que es una pata más de la mesa, un pilar fundamental, pero no el único para desarrollar una identidad sana y potenciadora. Como ya hemos explorado anteriormente todos los demás aspectos son igual de importantes.

La autoestima se manifiesta a través de la percepción que tienes de ti misma. La percibes por medio de tus pensamientos y emociones sobre y hacia ti. Ejemplo: qué piensas sobre ti misma, qué sientes hacia ti, cómo te percibes. (Recuerda que muchos de estos aspectos se entrelazan, lo verás también más adelante).

Tener una autoestima, es decir, una percepción de ti misma «sana», es uno de los factores más importantes para poder avanzar en equilibrio. Ciertamente es igual de importante que puedas reconocer qué aspectos de ti misma puedes mejorar y transformar, hacerlo desde el amor por ti y la compasión, desde la aceptación plena y sin juicios ni críticas de lo que hay, sino desde el reconocimiento absoluto de quién eres y qué quieres. Limpiar falsas y distorsionadas percepciones sobre ti te hará reconocer realmente quién eres y de lo que eres capaz. Esto te ayudará a conectar con la claridad necesaria para tomar acciones y decisiones alineadas a tu ser interior. Esto es crecimiento, esto es evolución.

Exploremos juntas tu autoestima, en el espacio a continuación o en tu libreta. Escribe cómo te percibes, qué pensamientos y emociones tienes asociadas a ti. Y luego de escribir (escribe lo que te venga a la mente, sin filtro, lo que te salga, aquí no hay manera de hacerlo bien o mal, no existe lo correcto e incorrecto, lo que salga es y ya está). Léelo en voz alta e identifica si hay alguna idea, percepción o pensamiento limitante hacia ti misma en cómo te percibes. Identifica también si hay alguna emoción densa atrapada en esas percepciones y escríbela.

Ahora limpiemos esas percepciones, reconoce:

- Si te las han inculcado.
- Si son producto de alguna experiencia de tu vida.
- Si están asociadas a tu relación con otras personas.
- Si te hacen daño y limitan.

Si encuentras alguno de estos «si», esas percepciones están distorsionadas, no son verdaderas, no es quien eres, no son tuyas, no te pertenecen. Puedes soltarlas.

A continuación te invito a escribir y repetir en voz alta:

Me libero de toda falsa percepción sobre mí.
Yo no soy eso.
Yo elijo quién soy.
Suelto y libero.
Es seguro soltar.
Estoy a salvo.
Todo está bien en mí.
Soy la vida que deseo tener.

Ejercicio: para fortalecer tu autoestima diariamente te invito a incorporar una poderosa declaración. Y seguiremos utilizando el principio de la autosugestión para entrenar tu mente y crear un nuevo estado mental y emocional más alineado y en equilibrio para ti.

Te sugiero escribir en tu libreta diariamente cualquiera de los siguientes ejemplos de declaración:

Confío en mí, en mi intuición y en mi poder interior.
Confío en mí y en el proceso natural de la vida.
Confío en quien soy.

3. Autoimagen ¿Qué imagen tengo de mí?

La autoimagen es otro de los componentes de *«¿Quién soy?»*.

Muchas veces hemos aprendido a identificarnos con nuestro cuerpo físico: soy alta, soy pequeña, soy delgada, soy morena, soy… lo que veo de mí.

Y una vez más te digo: no eres nada de esto, estas características no definen quién eres.

También puedes encontrarte en ocasiones que la imagen que tienes de ti misma no sea la misma que otras personas tienen de ti.

Así que es importante conocerte mejor. El autoconocimiento es indispensable para crear una sana imagen de quién eres y seguir construyendo día a día quién quieres ser.

Una de mis declaraciones y creencias favoritas para fortalecer mi auto imagen es: «Amo lo que veo de mí».

Enamórate de lo que ves en ti, porque, aunque eso no te defina, forma parte de ti. Ama tu cuerpo, es tu templo, es el hogar de tu alma, es el contenedor de la energía que te da vida.

Ama tu pelo, enmarca tu mirada.

Ama tus ojos, son tus ventanas del mundo, te permiten percibir la belleza que te rodea.

Ama tu nariz, te conecta con un gran mundo sensorial.

Ama tu boca, alimenta tu alma.

Ama tu pecho, sostiene tu corazón.

Ama tus brazos, te permiten abrazar y sostener.

Ama tu abdomen, te permite contener la vida y expandir tu energía.

Ama tus piernas, te ayudan a moverte y avanzar.

Ama tus pies, te conectan a la tierra.

Ama cada célula de tu SER y tu cuerpo te compensará de vuelta.

Te invito hacer el siguiente ejercicio: colócate frente a un espejo y di en voz alta: «Amo lo que veo de mí», y, a continuación, escribe qué imagen poderosa y positiva tienes de ti. (Recuerda solo aspectos que te hagan sentir bien y los que aún no, abrázalos). Si por alguna razón no te hace sentir bien lo que observas de ti, te invito a hacer las paces con tu cuerpo y a leer en voz alta y mirándote a los ojos el párrafo anterior haciéndolo tuyo. Luego vuelve aquí y escribe lo que amas de ti.

_____

_____

_____

_____

_____

_____

_____

_____

_____

_____

_____

_____

4. Autoeficacia. En este pilar exploramos el reconocimiento de las capacidades propias y también la confianza que podemos tener en nosotras mismas para lograr lo que nos propongamos.

En este punto, como en todos los de la autovaloración, encontramos aspectos relacionados. Son aspectos transversales, que se cruzan, ya que somos un conjunto, un sistema interrelacionado del ser.

Es muy importante que puedas reconocer de qué eres capaz y que lo hagas por medio de un espacio de conexión profunda contigo. Un espacio de autorreflexión y honestidad absoluta, ya que puede que te reconozcas capaz o no de algunas cosas por medio de la percepción de otros hacia ti, por lo que te hayan dicho o por alguna experiencia en específico. Y no siempre es así, o esto también puede cambiar. Probablemente haya cosas de las que no te sentías capaz antes y ahora sí.

Te sugiero que explores tus capacidades internas y así como puedes colocar cosas que se relacionen con tu entorno, como actividades y funciones, mi invitación es a que vayas más profundamente dentro de ti. Ejemplo: soy capaz de escucharme, soy capaz de autorregularme, soy capaz de atender mis pensamientos, soy capaz de calmar mi respiración, soy capaz de conectar conmigo misma, soy capaz de atender mis emociones, soy capaz de volver a mí, soy capaz de dedicarme tiempo y espacios, soy capaz de cuidarme, soy capaz de transformarme...

Así que mi invitación en este apartado es a explorar tus capacidades completando la siguiente afirmación:

Soy capaz de:

_____

_____

_____

_____

_____

_____

_____

_____

_____

_____

_____

_____

_____

_____

_____

_____

_____

_____

_____

_____

_____

_____

_____

_____

_____

_____

_____

_____

_____

_____

Luego de realizar esta autoexploración te invito a integrar y activar una declaración como nuevo pensamiento potenciador para fortalecer tu autoeficacia. Ejemplos:

Reconozco mis capacidades cada día.
Sé quién soy y me siento capaz.
Soy capaz de lograrlo.

Te invito a escoger alguna de estas declaraciones e incorporarlas a tus frases diarias y a escribirlas en tu cuaderno o libreta cada día. Verás cómo este sencillo y poderoso ejercicio te ayudará a fortalecer la autoeficacia en ti.

¿Qué hago?

El hacer forma parte cotidiana de nuestras vidas. Esta faceta nuestra está muy trabajada, ya que desde que somos pequeñas nos están enseñando siempre a hacer. Hacemos los deberes, estudiamos, vamos al colegio, hacemos deporte, participamos en actividades extraescolares, luego vamos al instituto, a la universidad, al trabajo, al gimnasio… Y la lista puede ser muy, pero que muy larga. Incluso abrumadora para algunas personas.

El hacer está muy arraigado en nuestra cultura, hasta el punto de que muchas personas se definen a través de su hacer, identificándose a sí mismas como doctoras, abogadas, profesoras, cuidadoras… En fin, con su actividad, creyendo que son eso.

Lo que haces forma parte de tu vida, sin embargo, no es tu vida. Tú eres mucho más que eso. Y lo seguiremos explorando juntas en este viaje a través de las páginas de este libro.

Nuestras actividades ciertamente forman parte importante de cómo nos sentimos. Puede que sean actividades placenteras, beneficiosas, que nos nutran, nos llenen de energía y nos sostengan mental, emocional, física y energéticamente. Como también puede que algunas de esas actividades nos drenen, agobien y limiten.

Es por ello importante que, como personas adultas responsables de nosotras mismas, tengamos claro siempre cuál es nuestro propósito, es decir, el por qué o para qué hacemos lo que hacemos.

Cuando tenemos claro nuestro propósito es más fácil (aunque a veces no sencillo) tomar decisiones, saber qué te compensa y qué no, escoger actividades alineadas a tu ser, a lo que deseas vivir y experimentar, e identificar si es necesario cambiar algunas, para alinearlas a tu ser. Porque no se trata de hacer por hacer, se trata de hacer lo que te sume, te aporte, te llene.

Exploremos un poco más el propósito. Muchas veces cuando escuchamos esta palabra tendemos a pensar en algo súper grande como cambiar el mundo o contribuir en alguna obra de envergadura mayor. Lo que obviamente también puede ser. Sin embargo, cada una de nosotras, como alma en esta experiencia humana, tiene un propósito diferente y un mensaje único que compartir. Generalmente este propósito y mensaje vienen alineados con los talentos, es decir, con en qué eres buena. Ejemplo: si se te da bien cuidar las plantas, puede que tu propósito sea entregar belleza al mundo a través de ellas. Si te gusta enseñar, puede que tu propósito sea educar a otros a través de tu mensaje. Si se te dan bien las manualidades, tu propósito puede ser entregar tus creaciones al mundo, conectar emociones, sonrisas, crear experiencias de conexión a través de tu creación... Además de todos estos ejemplos, que pueden ser interminables porque hay tantos como personas existen, hay algo que quiero que recuerdes: tu propósito mayor es siempre ser tú misma, ser la expresión más genuina de tu ser, ser feliz, vivir en plenitud, conectada a tu ser, a tus talentos y desde allí compartirlo con el mundo. Eres la vida que deseas tener.

A continuación, vamos a explorar tu pilar del hacer, que también te ayudará a conocerte mejor. Te invito a responder a las siguientes preguntas. Puedes hacerlo en el espacio destinado para ello aquí o en tu cuaderno de ejercicios.

- ¿Cuáles crees que son tus talentos? Es decir, ¿en qué eres buena?, ¿qué se te da bien?, ¿qué disfrutas tanto haciendo que se te olvidan el tiempo y el espacio? Es muy importante responder esta pregunta con total sinceridad. A veces intentamos hacer cosas que no disfrutamos solo por creer que es lo mejor, porque a otro le va bien o porque me dijeron que tiene salida. En el proceso de autoconocimiento te estás explorando a ti y al conectar con tu verdadero propósito y tu mensaje único podrás brillar con tu propia luz. Esto te hace auténtica, magnética e inspiradora.
- ¿Cuál sientes que es tu propósito? ¿Tiene relación con esos talentos que has identificado?
- ¿Qué actividades de las que realizas actualmente te nutren y cuáles te drenan?
- ¿Existe alguna actividad que hagas ahora que sientes que no está alineada contigo? Si tu respuesta es sí, ¿cómo podrías transformarla?
- ¿Qué tipo de actividades crees que están alineadas a tu propósito?
- ¿Hay alguna de estas actividades más alineadas que podrías incluir en tu vida? ¿Cómo podrías hacerlo?

_____

_____

_____

_____

_____

_____

_____

_____

_____

_____

_____

_____

_____

_____

_____

_____

_____

_____

_____

_____

_____

Espero que hayas disfrutado de tu autoexploración y que estas preguntas te hayan llevado a unas respuestas de mayor claridad para avanzar, expandirte y crecer en equilibrio.

Ahora estás preparada para avanzar al siguiente pilar.

¿Qué tengo?

El tener es otro de los aspectos que está muy arraigado en nuestra cultura y al que también se le da mucha importancia social. Es como si de niños fuéramos educados (entrenados) en el hacer para tener. Y es por ello por lo que al llegar a una etapa adulta en busca de propósito y sentido a nuestras vidas nos damos cuenta de que este ciclo sin fin de hacer para tener resulta vacío y sin sentido. Porque la vida es mucho más que eso, es mucho más que hacer para tener.

Ciertamente el tener es importante, aquí no se trata de ver cuál aspecto es más importante que el otro, ya que todos forman parte de nuestras vidas. El tener relacionado con el merecimiento nos ayuda a crear experiencias en nuestras vidas alineadas a nuestro propósito, experiencias que nos ayudan a crecer.

Es importante trabajar y activar nuestra conexión al merecimiento de lo que soñamos, porque esto forma parte también natural de nuestra experiencia humana y de nuestro camino de evolución y expansión. Sin embargo, hay un punto que recordar: no eres lo que tienes, eres mucho más que eso.

En el pilar del tener están los objetos materiales y las relaciones que tenemos. Ejemplo: tengo una familia, tengo una pareja, tengo un coche, una casa, un trabajo... Y todas estas cosas también son importantes para nosotras, porque forman parte de nuestras vidas. Sin embargo, recuerda: no eres lo que tienes, eres más que eso.

Explorar más el merecimiento

Sentirse merecedora de lo que se desea es clave para poder llegar a experimentarlo como una realidad en nuestras vidas. Si no crees que sea posible para ti, no lo será, no harás lo necesario para lograrlo o bloquearás inconscientemente los caminos que te llevarían a ello porque no lo sientes posible, porque no te lo crees.

El tema del merecimiento es uno de los más trabajados por las mujeres desde hace mucho tiempo. El despertar interior ha traído muchos deseos de crecimiento y expansión y entremedias entran las creencias limitantes infundadas sobre si merezco eso o no, de «¿quién soy yo para merecer eso?», «yo no soy suficiente», «yo no sé lo suficiente», «hay otras personas más preparadas que yo». Todas estas son creencias limitantes alrededor del sentirse merecedoras y aunque ciertamente para mí el tema del merecimiento no es un tema de género, sí ha sido más necesario trabajar y despertar en las mujeres debido a la estructura social que ha existido históricamente.

Mis decretos favoritos para activar el merecimiento son:

- Soy merecedora de todo lo que deseo. Merezco recibir.
- Me vacío para recibir (aquí me refiero a vaciar de miedos, dudas, preocupaciones y densidades).
- Soy valiosa y merezco lo mejor.
- Merezco vivir la vida de mis sueños.
- Merezco sentirme plena y feliz.
- Merezco disfrutar de la vida aquí y ahora.
- Merezco sentirme bien.
- Merezco vivir en abundancia.

- Merezco relaciones prósperas, abundantes y beneficiosas.
- Estoy abierta y receptiva. Me abro a recibir.

En la medida en que estos decretos se conviertan en una convicción para ti, es decir, te lo creas y comiencen a permear tu mente subconsciente, comenzarás a verlo en tu realidad. Conocerás personas alineadas a estas nuevas creencias, recibirás nuevas oportunidades, se abrirán nuevos caminos.

Muchas veces somos nosotras mismas las que bloqueamos nuestro camino de recibimiento a través de nuestros pensamientos y creencias limitantes. Limpia tus pensamientos y abrirás tu camino.

Aquí hay dos puntos importantes que explorar. Por un lado, está conectarte a la sensación y convicción de que eres merecedora de eso que sueñas, a esa experiencia que quieres vivir, a eso que está alineado con tu propósito y que te hará crecer como persona y expandir tu ser. Y, por otro lado, reconocer que eso forma parte de los recursos disponibles para emprender tu camino y avanzar en tu propósito; sin embargo, eso no eres tú, eso está fuera de ti, no te define.

No te definen:

- Tu cuenta del banco.
- Tus relaciones.
- Tu trabajo.
- Tu casa, coche y pertenencias personales.

Ninguna de esas cosas es quien eres.

Ejercicio: escoge alguno o algunos de los decretos de merecimiento antes expuestos, con los que más te identifiques o te suenen al leer y escríbelos en tu cuaderno o libreta cada mañana. Únelos a los que hayas escogido antes, en los apartados anteriores. Al final tendrás una lista de decretos que te acompañarán a crear el tono mental y emocional de tu día, de cada día.

¿Cómo vivir en el equilibrio de estos tres grandes? SER-HACER-TENER

Para comenzar con este punto del equilibrio dentro de la identidad lo primero es reconocer la importancia de dirigir siempre nuestra atención inicialmente al SER, partiendo del principio de cómo se llama este libro: *Soy la vida que deseo tener.* Primero debemos ser para luego hacer y en consecuencia tener, y estaremos en concordancia con quienes estamos siendo en cada momento. Si estás siendo una persona conectada al miedo, a la duda y a las preocupaciones, tendrás una vida que refleje más de eso. Si por el contrario estás siendo una persona conectada con la apertura, la flexibilidad y el mundo de las oportunidades, recibirás eso en tu vida. Este principio ya lo hemos explorado en capítulos anteriores, sin embargo, lo repetiré muchas veces a lo largo de este libro para fijar en tu mente esta idea, ya que la mente requiere repetición para integrar conceptos, ideas y crear convicciones de ellas.

Para mantener el equilibrio entre Ser-Hacer-Tener, recuerda que:

- El ser es lo que eres y lo que estás siendo en cada momento; lo eliges y construyes a través de tus pensamientos y emociones. Pregúntate: «¿Qué estoy pensando ahora? ¿A qué emociones están asociados mis pensamientos? ¿Cómo me están haciendo sentir esos pensamientos?». Eso es lo que estás siendo ahora y puedes cambiarlo INME-DIATAMENTE. ¿Cómo? Eligiendo pensamientos más potenciadores, más generales y más alineados a esa nueva identidad que has diseñado en las páginas anteriores y que estás deliberadamente creando ahora.

- El hacer es indispensable que esté alineado a un propósito. Y para ello tener este claro es importante. Pregúntate: «¿Por qué hago lo que hago?», y establece un propósito a cada una de tus acciones. Tener claro el porqué te ayudará a continuar con esa tarea o actividad cuando las distracciones o retos aparezcan. Esto es lo que llamamos acción alineada, alineada a ti, a tu ser y a tu propósito. Propósito que puede ser sentirte bien, conocerte mejor, aprender más, crecer como persona, compartir con otros, enseñar algo en particular, crear a través de tus dones… En fin, cualquier acción que realices. Y esto le dará sentido a tu vida.

- El tener, cuando está asociado al merecimiento, es maravilloso, porque está alineado también al ser que somos y que merecemos. Por tanto, fijamos nuestra atención en crear y vivir esas experiencias y obtener las cosas materiales que nos ayudarán a cumplir con ese propósito, que a su vez está alineado a quienes realmente somos.

Ahora vamos a alinear estos tres aspectos de tu vida. Te invito, a continuación, a rellenar el siguiente espacio colocando los aspectos correspondientes a tu vida en cada uno. Comenzaremos por el *ser*, donde colocarás quién eres, partiendo de todos los ejemplos y aspectos explorados en este capítulo. Luego completa la columna del *hacer* alineado a tu propósito y para finalizar rellena la columna del *tener* alineado al merecimiento, que a su vez está alineado a tu propósito y a quien eres.

SER

_____

_____

_____

_____

_____

_____

_____

_____

_____

HACER

_____

_____

_____

_____

_____

_____

_____

_____

_____ ____

_____

TENER

_____

_____

_____ ____

_____

_____

_____

_____

_____

Audio regalo

A continuación, escanea el siguiente código QR o ingresa al siguiente enlace para escuchar el audio regalo de este capítulo.

https://johanaanez.com/soy-la-vida-que-deseo-tener

3

Conoce tu sistema de creencias

Las creencias son los cristales a través de los cuales miras la vida, son tus propios filtros mentales. Se forman a partir de nuestras experiencias vividas, educación, familia, cultura. Las creencias son convicciones, son la idea de que algo es o no válido para ti. No son universales, ya que cada persona tiene su propio sistema de creencias y lo que es válido para unos puede que no lo sea para otros.

Cada ser humano forma su propio mapa de la realidad y este mapa es tan único como cada persona que existe en este planeta. No hay mapas mejores o peores, solo existen mapas más pequeños: cuando una persona tiene la mente muy cerrada a sus propias ideas, hace siempre las mismas cosas, va a los mismos lugares, toma las mismas comidas, en fin, vive en un círculo pequeño de su propia realidad. Y existen mapas más grandes: personas abiertas de mente, abiertas a nuevas ideas, conceptos y experiencias, que visitan lugares distintos, prueban diferentes comidas, conocen nuevas personas, aprenden constantemente y esto amplía su propio mapa de la realidad. Esta realidad no es absoluta, solo representa la realidad de cada persona, que puede ser muy distinta a la de otra. No existen creencias correctas o incorrectas, todas son válidas y verdaderas para la persona que las cree.

Las creencias, que son estas ideas que forman nuestro mundo, pueden ser limitantes o potenciadoras. Las limitantes están basadas en convicciones que desde luego limitan la consecución de alguna acción. Ejemplo: si crees que no puedes hacer algo, que es muy difícil o que no es para ti, así será. Tu mente, a través de estas ideas que da por ciertas y de las que está convencida, prepara tu cerebro para que el cuerpo responda en consecuencia. Por tanto, lo sentirás en tu cuerpo físico y te preparará, buscará las opciones, propiciará los espacios y visualizará los recursos para crear esa realidad. Si crees que puedes hacer algo y estás convencida internamente de que puedes lograrlo, tu mente, a través de estas ideas, preparará tu cerebro, que indicará al cuerpo cómo actuar en consecuencia y alineación a la convicción. ¿Me sigues? Encontrarás opciones y posibilidades, recibirás mensajes, aparecerán las personas indicadas y los recursos necesarios para lograrlo. Porque estás convencida de ello. Así funciona este sistema.

Trabajar en tu sistema de creencias propicia cambios generativos, ya que origina nuevos hábitos de pensamiento y conducta y, por tanto, crea nuevas realidades basadas en tus nuevas percepciones, acciones y manera de ver el mundo. Este es un nivel profundo de transformación que requiere de tiempo y acción a través del entrenamiento mental.

Recuerda, las creencias forman parte de tu sistema de pensamiento, tú no eres tus pensamientos, ellos no te definen.

A continuación, te invito a explorar tu propio sistema de creencias. Elige un aspecto en tu vida que quieras mejorar, que esté relacionado con tu objetivo y estado deseado. Para ello te sugiero que lo escribas previamente. Escribe cuál es tu intención, qué quieres lograr a través de la lectura de este libro: ¿Qué quieres y cómo quieres sentirte? Luego, en base a esta intención que has establecido, escoge un tema o área de tu vida que te gustaría transformar y que esté alineada con tu estado deseado.

_____

_____

_____

_____

_____

_____

_____

_____

_____

_____

_____

_____

_____

_____

_____

_____

_____

_____

_____

_____

_____

_____

_____

Ahora voy a compartir contigo un ejercicio que me enseñó mi profesora, mentora y hoy gran amiga, *Albania Escalona*, en la formación de Practitioner & Coach con PNL que realicé con ella en su centro de formación. Así que, pensando en esa situación que definiste arriba y en el tema elegido, responde de manera espontánea a las siguientes frases:

No creo: _____

_____

_____

Sí creo: _____

_____

_____

No puedo: _____

_____

_____

Sí puedo: _____

_____

_____

No debo: _____

_____

_____

Sí debo: _____

_____

_____

No tengo que: _____

_____

_____

Sí tengo que: _____

_____

_____

Es difícil: _____

_____

_____

Es fácil: _____

_____

_____

Es correcto: _____

_____

_____

Es incorrecto: _____

_____

_____

Es importante para mí: _____

_____

_____

_____

Debería: _____

_____

_____

Es bueno: _____

_____

_____

Es malo: _____

_____

_____

Es insignificante: _____

_____

_____

La gente es: _____

_____

_____

El amor es: _____

_____

_____

La vida es: _____

_____

_____

Yo soy: _____

_____

_____

Quiero: _____

_____

_____

Me gusta: _____

_____

_____

He aprendido: _____

_____

_____

Agradezco: _____

_____

_____

Muy bien. Ahora, de entre tus respuestas anteriores, identifica cuáles pueden ser creencias limitantes que te están impidiendo lograr y sentirte como deseas. Puedes marcarlas con un asterisco al lado. Y, a continuación, vamos a transformarlas en potenciadoras.

Escribe primeramente cuál es la creencia limitante que has detectado y seguidamente cuál sería el nuevo modelo de pensamiento que has de incorporar, es decir, cuál sería la nueva creencia potenciadora que la sustituirá. Con ello crearemos un nuevo hábito de pensamiento a través del entrenamiento mental.

Creencia limitante:

_____

_____

_____

_____

_____

_____

_____

_____

Creencia potenciadora:

_____

_____

_____

_____

_____

_____

_____

_____

Si llegado a este punto sientes que requieres más ayuda para identificar las creencias limitantes o para crear una nueva creencia potenciadora, puedes solicitar una sesión individual conmigo, podré ayudarte más de cerca, conocer tu situación en particular y juntas construir un nuevo sistema de creencias más potenciador. He desarrollado una habilidad para descubrirlas y transformarlas. Te guiaré paso a paso para crear tu plan de entrenamiento mental y gestión emocional.

Para solicitarla solo debes escribir a info@johanaanez.com, entrar a este enlace: https://johanaanez.com/sesiones/terapia-con-pnl o escanear el siguiente código.

Tus creencias determinan tus experiencias

Como has visto hasta ahora, lo que piensas determina tu realidad. Para profundizar en ello y poner más claridad en tu camino, en dónde te encuentras y hacia dónde vas, haz un breve repaso por las creencias limitantes, esas ideas que han salido y que crees que te puedan estar impidiendo conectarte con ese estado deseado, sentir y experimentar esa vivencia que quieres. Observa la relación que hay entre esas ideas y tu realidad actual. Y escribe a continuación cómo esas ideas te han limitado.

Detrás de cada creencia hay un beneficio oculto

Aunque no lo parezca, porque conscientemente nadie querría limitarse a sí mismo, hay mecanismos mentales inconscientes que se activan sin que nos demos cuenta y que además ni siquiera sabemos que existen. Por ejemplo, Lucía, una alumna mía, estaba sufriendo de dolores cervicales, mareos y muchas molestias físicas, iba a todos los médicos y no le encontraban nada. Sin embargo, Lucía seguía sin sentirse bien. A raíz de todos estos mareos tuvo que dejar de trabajar. En nuestras sesiones de exploración juntas descubrimos que ella no se sentía bien en su trabajo, se sentía incómoda, menospreciada, pequeña. Y que detrás de este estado de desequilibrio físico de su cuerpo, había un beneficio oculto. Aunque no se sentía segura en su trabajo, conscientemente ella quería volver, ponerse bien, sentirse bien. Sin embargo, esta situación, al parecer negativa, la estaba protegiendo de ponerse en un lugar «no seguro» para ella. Descubrir esto fue como quitar un gran velo de ilusión y darse cuenta de cómo su mente lo estaba creando todo. Lucía decidió seguir trabajando en sí misma, liberar esa creencia limitante y no aceptarla más como válida. El primer paso es decidir qué quieres pensar y aceptar como válido y qué no. Trabajamos en elevar su confianza, autoestima y amor por sí misma. Y desde ese momento Lucía se comenzó a sentir mejor. Preparamos la escena mental y emocional de la vuelta a su trabajo, de cómo sería, cómo se sentiría y cómo la recibirían. Y así se fue sintiendo más confiada y segura en volver. A las semanas recibí un mensaje de Lucía contándome que había vuelto a su trabajo, ahora desde un estado de equilibrio y, por supuesto, sintiéndose bien.

Ahora te invito a mirar qué beneficio oculto puede haber detrás de las creencias limitantes que has descubierto en ti, en qué medida te pueden estar «protegiendo» y escríbelo:

_____

_____

_____

_____

_____

_____

_____

_____

_____

_____

_____

_____

_____

_____

_____

_____

_____

_____

Una vez identificado cuál puede ser el beneficio oculto o cómo crees que estas creencias limitantes te pueden estar protegiendo de algo, decide conscientemente soltarlas. Puedes repetir las siguientes frases en voz alta, luego de tomar una respiración profunda:

Me libero de toda creencia negativa y limitante;
es seguro soltar;
me libero de lo que me impide avanzar,
no me pertenece;
suelto y confío;
estoy segura;
avanzo en equilibrio.
Yo soy la vida que deseo tener.

Estos ejercicios de creencias los puedes hacer tantas veces como quieras; los puedes repetir dentro de unos meses, verás que tus respuestas ya no serán las mismas, porque si has hecho los ejercicios en este libro planteados, tu conciencia habrá cambiado y, por lo tanto, tú ya no serás la misma. También puedes aplicarlos a diferentes situaciones de tu vida. Si en esta ocasión hiciste estos ejercicios relacionados con el amor o el tema de pareja, luego puedes aplicarlo también para las relaciones familiares, los temas profesionales, de salud, dinero… Es aplicable a cualquier área de tu vida en la que quieras expandirte y descubrir qué te puede estar limitando en la conexión con esa experiencia que deseas manifestar.

Tu nuevo sistema de creencias

Una vez identificadas las creencias limitantes, te invito a que hagas tu nueva lista de creencias potenciadoras. Es importante que esas nuevas creencias estén alineadas a tu intención, propósito u objetivo, ya que te ayudarán a conectar con ese nuevo estado mental y emocional que estás creando. Para ello puedes escribirlas a continuación. Agrega las que escribiste en la columna de creencias potenciadoras anteriormente e incluye algunas otras que te puedan apoyar en este nuevo camino.

A continuación te muestro algunas creencias potenciadoras que te pueden servir de ejemplo, inspirar y ayudar.

Listado de creencias potenciadoras:

- Siempre estoy sostenida.
- El Universo (Dios, la vida, la Divinidad…) siempre me guían.
- Todo pasa para mi mayor bien.
- Toda experiencia es un aprendizaje que me invita a crecer.
- Lo mejor siempre es lo que pasa.
- Fluyo en armonía con los cambios que me presenta la vida.
- La vida me presenta retos que puedo superar.
- Cuando se me presenta un reto me enfoco en las soluciones.
- Tengo todos los recursos internos necesarios para cumplir mis metas e intenciones.
- El Universo me ama y me apoya.
- Todos mis requerimientos, sueños y deseos están cubiertos siempre en abundancia.
- Todo lo que requiero saber me es revelado en el momento justo.
- Soy fiel a los llamados de mi corazón y a mi intuición.
- La vida me ama y apoya.

- Vivo en un universo rico y abundante.
- Me rodeo de personas prósperas, abundantes y beneficiosas.
- Fácilmente atraigo a mí todo lo que necesito.
- Fluyo en armonía con los ritmos de la vida.
- Estoy abierta a los cambios.
- Los cambios siempre son para mejor.
- Vivo desde mi SER, reconozco quién SOY.
- Soy fiel a mí y a mis valores.
- Soy mi mayor proyecto.
- Vibro en la frecuencia de la abundancia y el amor.
- Yo nací abundante y feliz.
- Vivo en un estado de salud y equilibrio físico, mental y emocional.
- Mi voz e intención dirigen mi energía.
- Veo mis sueños manifestados en mi realidad.
- Soy una mujer independiente y puedo cumplir con mis intenciones.
- Soy un ser próspero y abundante.
- Creo la vida que deseo experimentar.
- Cuanto más relajada estoy, más feliz me siento y todo fluye mejor.
- Fluyo con los cambios que me presenta la vida.
- Merezco vivir en abundancia.
- Merezco estar sana y feliz.
- Vivo en un mundo de opciones y posibilidades.
- Es fácil ser yo.
- Invierto en mí y en mi crecimiento con facilidad.
- Voy a por mis sueños.

- Construyo mi realidad.
- Mi trabajo tiene un valor y soy remunerada abundantemente por ello.
- Mi tiempo tiene un gran valor, lo invierto en cosas y experiencias que me generan bienestar.
- Estoy abierta y receptiva. Merezco recibir.
- El mundo está lleno de personas bondadosas.
- Soy libre de vivir la vida que deseo.
- Soy la creadora de mi mundo.
- Yo puedo, yo valgo, yo merezco.
- Soy la vida que deseo tener.

Si quieres tener más afirmaciones para el *Bienestar Emocional* o para emprendedoras en equilibrio (si eres emprendedora o quieres emprender) puedes descargar gratis las guías con más de 30 afirmaciones donde te explico también mucho más acerca de cómo aplicarlas a tu día a día para que funcionen.

Descarga gratis entrando al siguiente enlace o escaneando el siguiente código:

Guía *30 Afirmaciones para el Bienestar Emocional*:
https://johanaanez.com/30-afirmaciones-para-el-bienestar-emocional-descargable

Guía 30 *Afirmaciones para Emprendedoras:*
https://johanaanez.com/33-afirmaciones-para-emprende-
doras-registro

Una vez escogido tu nuevo sistema de creencias, te invito a agregarlas a tu práctica de escritura de frases diarias por la mañana. Cada día, escribe en tu cuaderno, agenda o libreta las afirmaciones que van a reforzar tu nuevo sistema. Me preguntarás hasta cuándo debes escribir estas frases. Te cuento que yo llevo más de diez años escribiéndolas todos los días y siento que, entre otras prácticas, esta es una de la que más me ha sostenido en equilibrio y ayudado a ir creando progresivamente nuevas realidades. Por supuesto que las frases durante todos estos años no han sido siempre las mismas, han ido cambiando según nuevos estados que sostener y crear, aunque confieso que tengo unas favoritas, como «Soy valiosa y merezco lo mejor», «Confío en mí y en el proceso de la vida», que sí me han acompañado en todo este trayecto de vida.

Las frases pueden ir cambiando, puedes irlas ajustando a tus nuevos propósitos y a tus nuevos estados deseados. Recuerda que somos seres evolutivos y expansivos y que, por naturaleza, nuestro ser está siempre en constante crecimiento.

Con respecto a las frases, quiero dejarte una sugerencia importante (si descargas las guías lo explico allí también): deben estar formuladas y redactadas siempre en positivo, en presente y en primera persona. Es decir, en ellas se debe indicar lo que quiero y no lo que no quiero. Recuerda que es una práctica para ingresar e integrar una nueva información a tu mente subconsciente y tenemos que ser muy cuidadosas de no reforzar lo que no deseamos. A veces esa información limitante, antigua y caduca puede estar tan reforzada e instalada que se cuela inconscientemente por algún lado. Así que estate atenta a tus pensamientos y a tu lenguaje. Por ejemplo, si lo que deseas es estar más sana, sentirte más fuerte y llena de energía, tu afirmación debe decir eso. Ten cuidado y no escribas «no quiero sentirme mal, no quiero el sobrepeso, no quiero estar cansada…». Define lo que sí quieres: «Me siento llena de energía, salud y vitalidad».

En las páginas anteriores te has conectado más profundamente contigo misma, has activado tu estado de presencia y esto te ha permitido conocerte mejor. Descubriste creencias limitantes y algunas inconscientes salieron a la luz, lo que te permite trabajar conscientemente en desestructurarlas y liberarlas para así escoger unas nuevas. Ahora estás lista para instaurar un nuevo sistema, con unas bases limpias y un flujo de energía que está abierto para crear, recibir y contener una nueva información.

Y ese es el propósito de este espacio, crear tu nuevo sistema.

El sistema se refiere a los componentes que hacen parte del funcionamiento de tu ser. Está formado por las partes mental, emocional, energética y física, espacios a través de los cuales se manifiestan las creencias.

Por ello es sumamente importante que lo trabajemos incorporando todas estas áreas:

- Mentalmente: en las páginas anteriores escogiste tus nuevas creencias. Recuerda que siempre puedes agregar más creencias potenciadoras que vayas sintiendo, leyendo, escuchando y que quieras que formen parte de tu nuevo sistema. Puedes escoger tantas como quieras. Ahora escríbelas todas en un papel en blanco. Puedes hacerlo en tu cuaderno, también en las notas de tu teléfono móvil o en tu ordenador. Lo importante es que las tengas a mano y en diferentes espacios. Te invito, además de escribirla, a tener a mano esta lista y a leerla todos los días antes de irte a dormir por la noche. También la puedes mirar durante el día y justo en esos momentos donde sientes que más necesitas recordarla. Yo la tengo como recordatorio en mi teléfono móvil.

- Emocionalmente: es importante conectar estas creencias a tu sistema emocional. En principio puede que sean ideas alojadas en tu pensamiento y por esto tenemos que darles un impacto emocional para que puedan integrarse y sentirse verdad. Por lo tanto, cada día por la mañana escoge cómo quieres sentirte y que esto vaya alineado a tu nuevo sistema de creencias. Te ayudará a conectar ese pensamiento a tus emociones. Ejemplo: «Hoy quiero sentirme tranquila; hoy quiero sentirme entusiasmada; hoy quiero sentirme llena de energía, confiada, segura...».

- Energéticamente: la energía es muy poderosa y la intención es la que la dirige. Por tanto, cuando estás estableciendo tu intención diaria de cómo quieres sentirte estás enfocando tu energía y la energía de creación hacia ello. Esto te ayudará a direccionar la activación de tu nuevo sistema de creencias energéticamente en ti.

• Físicamente: es importante poder anclar la sensación de cómo se siente tu nuevo sistema de creencias en tu cuerpo físico. Tu cuerpo debe creerlo y para ello es importante actuar «como si». Esta es una técnica muy poderosa que aprendí en la formación de PNL (Programación Neurolingüística). Se trata de actuar desde tu nuevo sistema de creencias, caminar como esa nueva persona, pensar, sentir y tomar decisiones desde ese nuevo sistema que has diseñado. Pon en práctica actuar, pensar, sentir y decidir desde tu nuevo sistema, desde tu nueva identidad y verás la sensación y energía que esto te genera. Pregúntate cómo sería actuar con confianza, cómo se sentiría eso en el cuerpo, cómo caminarías, hablarías o relacionarías si te sintieras confiada y segura. Y hazlo. Por supuesto que puedes aplicarlo para cualquier estado emocional o situación de recursos que quieras activar en ti y puedes mantenerlo durante todos los días. Es una técnica muy poderosa y a mí me ha generado grandes resultados.

De igual manera este último punto lo profundizaremos más en los siguientes capítulos.

Audio regalo

A continuación, escanea el siguiente código QR o ingresa al siguiente enlace para escuchar el audio regalo de este capítulo.

https://johanaanez.com/soy-la-vida-que-deseo-tener

4

Tus emociones como sistema de guía

Según la RAE, la palabra «emoción» significa «alteración del ánimo intensa y pasajera, agradable o penosa, que va acompañada de cierta conmoción somática».[5] Aquí la palabra que más me gusta y que da sentido a todo este trabajo es «pasajera». Entonces, ¿por qué si es pasajera muchas personas se quedan ancladas a estados emocionales limitantes por días, meses, incluso años? Esto ocurre cuando no se tienen las habilidades emocionales y las herramientas adecuadas para gestionar naturalmente el ciclo de una emoción. Y es justo lo que vas a aprender en este capítulo.

Quiero comenzar compartiendo varias premisas para la gestión emocional:

- No existen emociones buenas o malas, positivas o negativas. Todas las emociones son válidas, naturales y verdaderas.
- Si queremos clasificarlas de algún modo, podemos decir que hay emociones agradables y desagradables, por cómo nos hacen sentir. Sin embargo, esto no hace que una sea mejor que otra, ya que cada una tiene un propósito específico.

---

[5] (Emoción | Definición | Diccionario De La Lengua Española | RAE-ASALE, n. d.).

- Las emociones son mensajeras, cada una te trae un mensaje de alguna situación que tu ser requiere trabajar para sanar, soltar, limpiar percepciones, liberar y trascender y así poder avanzar, expandirte y crecer. Si no se gestionan, te pueden estar limitando.
- Las emociones forman parte de ti, sin embargo, no son tú. Tú no eres tus emociones, ellas no te definen.

Propósito de cada emoción

Cada emoción se activa con una finalidad específica, funcionan como nuestro sistema de guía, ya que nos van indicando diferentes situaciones, según cada emoción que tu ser y tu cuerpo están transitando. Las emociones se manifiestan a través del cuerpo físico, ya que por medio de diferentes sensaciones se puede procesar una emoción. Volviendo a la definición de la RAE, es a lo que hace referencia la frase «conmoción somática». Así se expresa la emoción físicamente.

Conocer por qué conectamos o se activa cada emoción en tu vida y aprender a gestionarlas adecuadamente te permitirá vivir en equilibrio. A continuación, te presento una lista con las principales emociones que nos mueven como seres humanos y el principal propósito de cada una. Es importante resaltar que existe un gran abanico de emociones definidas por diferentes autores y que estas se van expresando en diferentes intensidades, desde la rabia al odio; del desaliento a la depresión; de la ansiedad al pánico; de la tranquilidad al éxtasis; de la aceptación a la admiración; del desprecio al disgusto; de la culpa a la humillación. Sin embargo, he decidido enfocar la próxima lista en las principales familias de emociones: miedo, ira, tristeza y alegría. Me basaré en el descubrimiento realizado por Paul Ekman (Universidad de California, San Francisco), que sostiene que estas son las emociones reconocidas por personas de diferentes culturas provenientes de distintos lugares del mundo, reconociendo la existencia de los diversos matices de nuestro universo emocional.[6] (Goleman, 2010, 434).

- Alegría: viene a decirte que lo estás haciendo muy bien, que tus acciones y pensamientos están alineados a tu SER y a lo que realmente quieres para ti, y que sigas por ese camino, desde la conexión contigo, tu propósito y el amor.

- Tristeza: su objetivo es asimilar la pérdida, un cierre de ciclo, una mudanza, el fin de una relación o la desaparición física de un ser querido. Tomarte el tiempo necesario para ti, para validar esta emoción y asimilar la pérdida te permitirá vivirla y trascenderla. Si sientes que te lleva mucho tiempo o que no puedes gestionarlo sola, busca ayuda para tratar tu situación en específico.

- Miedo: esta emoción tiene por objetivo preservar la vida. Su intención es protegerte y se activa cuando existe alguna señal de alerta y peligro. Es una emoción instintiva que se activa naturalmente. Con el miedo pueden suceder

---

[6]   Goleman, D. (2010). *Inteligencia emocional* (D. González Raga, trans.). Kairós, Editorial S. A.

varias cosas, puede que realmente estés en peligro o riesgo físico, mental o emocional y en ese sentido el cuerpo te pedirá huir, salir de allí. En otro caso puede que se trate de algo nuevo y, como ya sabemos que la mente actúa desde lo conocido, cada vez que haces algo por primera vez el miedo se puede activar. En este caso puedes decirle a tu miedo «gracias por querer protegerme, pero estoy bien, yo puedo», «estoy trabajando en ello», «he buscado ayuda», «me estoy preparando». Así podrás trascender esa emoción. Cuando, a pesar del miedo, actúas, le vences. En ese momento creces y te das cuenta de que era una ilusión mental, una proyección de la mente limitante distorsionada por la densidad emocional.

- Ira: viene a mostrarte que estás frente a una situación que va en contra de tu sistema de valores y que por eso te parece algo inaceptable, intolerable y te choca. Aquí puedes aplicar el postulado de la PNL (Programación Neurolingüística) «el mapa no es el territorio», comprendiendo que la realidad del otro no tiene por qué ser la tuya. Puedes comprender, mas no compartir, entendiendo que el otro actúa desde su mapa de la realidad, desde sus experiencias y convicciones. Aplicar la comprensión, compasión y empatía te permitirá suavizar las resistencias y así poder gestionarlo más fluidamente, llegar a posibles acuerdos y mirar diferentes opciones para solucionar y avanzar.

Fases de la gestión emocional

A través de mi experiencia, he evidenciado cinco fases dentro de la gestión emocional. Son cinco pasos que si aprendemos a caminar nos permitirán mover las emociones, ya que estas son energía que se mueve dentro de nosotras, desde su nacimiento o despertar hasta su trascendencia. Conocer este camino natural, que he vivido y experimentado personalmente, te ayudará a avanzar en equilibrio dentro de tu propio proceso de gestión emocional. A continuación te explico cuáles son estos pasos:

1. El primero siempre va a ser la *identificación*; el percibir que algo nos pasa, que hay una sensación activa en nosotras e identificarla, nos ayudará a poder trabajarla. Si nos engañamos diciendo que no pasa nada, la emoción que ya se ha despertado seguirá estando allí, aun si yo no la miro. Recuerda que ella te está trayendo un mensaje. Y lo más probable es que su intensidad aumente para lograr su cometido: que tú te des cuenta de que hay algo que atender dentro de ti. Para hacer este paso con mayor claridad ponle un nombre a la emoción que sientes, esto te ayudará más adelante a saber exactamente qué es lo que vas a gestionar. Y para ello primero debes conocerlo. Para activar este primer paso te invito a tener espacios de silencio, conexión y reflexión contigo misma para conocerte mejor y conectar con esa sensación y con toda esa información que trae para ti. Es muy importante hacerlo, ya que sin el reconocimiento no podrás avanzar emocionalmente en esta situación. Si vas todo el día como un coche de alta velocidad, te costará darte cuenta de que algo pasa y probablemente lo harás cuando ya esté muy avanzado y venga acompañado de una conmoción somática, como un dolor o enfermedad.

2. La *aceptación* es el segundo paso clave. Eso que sientes, te guste o no, es válido y natural. Aceptar que algo pasa te ayudará a poder seguir avanzando en este camino de gestión emocional en equilibrio. La aceptación libera la resistencia que la negación trae. Cuando aceptamos, abrimos la puerta para poder atender, mirar, validar, gestionar, aprender y trascender. Aceptar no significa que te guste o no el proceso que estás viviendo. Aceptar significa que es lo que vives ahora y, te guste o no, está ahí. Cuando lo aceptas lo puedes trabajar conscientemente y trascender. Si no lo aceptas, se quedará allí intentando seguir conectado contigo a través de diferentes formas y aumentando su intensidad.

3. La *autoexploración*. Es importante autoindagar para identificar a qué pensamientos está asociada una emoción. Para ello puedes preguntarte: «¿En qué he estado pensando recientemente? ¿Qué detonan estas emociones en mí?». Al identificar el detonante puedes trabajar conscientemente en las percepciones que tienes con dicha situación. Generalmente experimentamos todas estas situaciones retadoras más en nuestra propia mente que en la realidad. Y esta realidad se va a ver impactada directamente por las percepciones que tengas sobre ese asunto. Así que pregúntate: «¿Cómo puedo ver esto de otra manera? ¿Qué mensaje me está trayendo esta situación? ¿Qué puedo aprender de esta experiencia?». Y respóndelas de la manera más honesta y sincera posible, es decir, libre de etiquetas, juicios y críticas. Y más desde el autoanálisis y la reflexión. Esto te ayudará a comprender y conocer el proceso que estás viviendo.

4. Ya que sabes qué es lo que sientes y de dónde viene, ahora es momento de *gestionar* específicamente esa situación. Fíjate que este es el paso cuatro y muchas veces vemos o leemos las palabras *gestión emocional* entendiéndolas como un maletín de herramientas. Ojo, que también lo es, sin embargo, es mucho más que eso, es un proceso y como todo proceso amerita de un espacio–tiempo para su evolución. Además de una fase previa de identificación, aceptación y exploración para poder gestionar en equilibrio. La gestión propiamente de una emoción va a depender de cuál sea, ya que como mencioné anteriormente cada una tiene un mensaje específico.

La tristeza puede que te esté pidiendo bajar el nivel de intensidad, por eso disminuye la energía; es un espacio propicio para reflexionar, llorar, drenar y luego poder asimilar un cierre de ciclo, una ruptura, pérdida o despedida. Si cortamos este ciclo sin permitirnos sentir esa emoción en ese momento y conectar a la reflexión, no podremos llegar a la fase de asimilar y tomar decisiones alineadas a nosotras mismas. Esto hará que la emoción se intensifique e incluso se aloje físicamente demostrándose luego a través de un malestar físico, dolencia o enfermedad.

El miedo te puede estar invitando a salir de un espacio, a dejar una relación y evitar hacerte daño; o también te puede estar diciendo que aprendas a confiar más en ti, a conocer tus capacidades, virtudes y talentos, a descubrir que sí puedes y eres capaz de hacer eso que quieres. Te está empujando a romper tus propias barreras y limitaciones mentales, a actuar a pesar del temor. Y al hacerlo ves cómo rompes la barrera, te expandes y creces.

La ira puede que te esté pidiendo flexibilizar tu pensamiento y conducta, abrir tu mente, descubrir un mundo nuevo de posibilidades, mirar diferentes formas, ampliar tu mapa de la realidad, liberar resistencias, juicios, críticas y dudas, trabajar en tu apertura mental y emocional. Al hacerlo cambiarás tu percepción de ti misma y del mundo que te rodea, por tanto, mirarás distinto esas situaciones que antes te irritaban.

5. Cuando hablamos de una experiencia y podemos hacerlo desde el aprendizaje y no desde el dolor, podemos decir que hemos trascendido esa emoción. *Trascender* significa que hemos ido más allá, la hemos atravesado, caminando a través de ella, y sanado la herida. Esto significa que ya entramos en la fase en la que podemos identificar un aprendizaje y decir «yo he vivido eso, sentido esto y aprendido esto» sin dolor. Esto nos indica que la herida emocional se ha cerrado. Y que esa situación pasa a ser parte de nuestra sabiduría de vida haciéndonos más fuertes y resilientes.

Ciclo de una emoción

Es importante conocer que una emoción también tiene un ciclo natural. Esto lo he podido evidenciar en mi propia experiencia. Una emoción nace a través de un detonante que puede ser una situación, una persona, una palabra, una imagen, un pensamiento… En fin, algo que la dispara dentro de ti. A partir de ese momento comienza a crecer en intensidad cuando la alimentamos a través de nuestros pensamientos, le asociamos historias, la reforzamos una y otra vez, pensando en ella, hasta que llega a su cúspide o máxima expresión. A partir de ese momento si la hemos recorrido naturalmente a través de sus fases, *identificar, aceptar, autoexplorar, gestionar y trascender,* podríamos decir que comienza a descender en intensidad hasta disolverse y desaparecer.

Aquí recordamos la naturaleza pasajera y de energía en movimiento que representa una emoción. Ahora, ¿por qué a veces no es tan pasajera? Porque en algún momento se puede estar frente a una situación de gran impacto emocional y si no se tienen las habilidades emocionales y herramientas para hacerlo, esta energía en movimiento se puede quedar estancada en alguna parte de este ciclo. Ejemplo: si cuando nace la emoción y detona la ignoras y sigues con el ritmo frenético sin detenerte a identificar que algo te pasa, esa energía se detiene y se puede estancar allí hasta ser identificada, validada, reconocida y comprendida para que el proceso de gestión de esa emoción pueda avanzar. Si la reconoces e identificas, pero no haces nada al respecto para gestionarla, se detiene o estanca en ese espacio hasta ser gestionada, liberada y trascendida. Es por ello tan importante conocer este ciclo y permitirte vivir el proceso completo.

Es verdad que hay situaciones muy complejas en las que a veces cuesta ver esas emociones y ser consciente de todo este proceso. Yo lo he vivido personalmente, cuando aun teniendo el conocimiento y las herramientas, me costaba mucho gestionar. Son procesos en los que he buscado ayuda de mis terapeutas, *coaches* y mentoras. Este es un camino que solo puedes hacer tú; sin embargo, no tienes por qué hacerlo sola. Porque cuando estamos tan comprometidas emocionalmente la mente se nubla y puede que no veamos las cosas con claridad.

Es por ello por lo que llegado este punto te sugiero que si estás frente a un proceso emocional complejo busques ayuda. Si sientes que alguna emoción se ha atrapado o estancado en algún punto, busca ayuda. Si quieres aprender nuevas herramientas, tener otra visión y transformar tu perspectiva, busca ayuda. Ese es el camino más rápido, fluido y equilibrado para salir de allí. Y ese es mi trabajo, es lo que hago con mis alumnas, acompañarlas en este camino, brindarles las herramientas adecuadas a ellas para liberar, avanzar, expandir y crecer. Puedes escribirme a info@ johanaanez.com solicitando una sesión y te explico cómo te puedo ayudar más.

Cómo gestionar cada estado emocional

Una vez que ya hemos explorado el propósito de las principales emociones, las fases de la gestión emocional y su ciclo, haré un resumen de cómo atender algunos de los principales estados emocionales desagradables, con algunas sugerencias. Es importante dejar claro que todas las técnicas y herramientas se pueden personalizar y ajustar a los requerimientos individuales para que tengan mayor impacto y resultados. Conocer cada caso en particular y a cada persona hace que se puedan adaptar a ellas dichas prácticas. Y escoger las que le funcionen mejor. Cada ser humano tiene una percepción y perspectiva única, un proceso y ritmo de aprendizaje distinto, al igual que canales por los cuales recibe y procesa esa información. Conocer todos estos detalles ayuda mucho a personalizar y ajustar el proceso a los requerimientos personales.

- El *miedo* tal como lo mencioné anteriormente es una emoción básica e instintiva, es una señal de alarma que se activa como respuesta ante una percepción de peligro. Cuando identificamos la señal de miedo activa es importante hacernos varias preguntas, ya que, en ocasiones, realmente no hay un peligro inminente, sino que es nuestra mente la que considera amenazante alguna actividad o situación que enfrentamos por primera vez o que amerita algo nuevo de nosotras, como por ejemplo elevar nuestra confianza, aumentar nuestra autoestima, mejorar nuestra manera de comunicarnos, cambiar nuestras percepciones, aprender a gestionarlo de otra manera. Recuerda que la mente trabaja desde lo conocido y cuando algo es nuevo puede identificarlo como amenazante.

Entonces preguntas cómo:

o   ¿Estoy realmente en peligro?
o   ¿Hay algo que pueda hacerme daño?
o   ¿Estoy enfrente de algo nuevo y tengo miedo a lo que desconozco?
o   ¿Es una proyección de mi mente porque se siente insegura y desconoce adónde voy o lo que hago?

Las respuestas a estas preguntas te pueden dar mayor claridad sobre con qué te enfrentas. Si es un riesgo inminente, esa sensación te va a invitar a salir de allí, a dejar esa situación, bien sea una relación, trabajo o lugar que te está haciendo daño. El miedo puede ser una señal para salir de allí. Ahora, también puede pasar (que es lo más frecuente) que no estés frente a un verdadero peligro y te des cuenta de que es tu mente la que se siente amenazada porque percibe alguna situación como desafiante e intenta protegerte. En este caso yo utilizo varias frases y me las repito constantemente, las escribo en mi libreta de afirmaciones diarias y me acompañan sobre todo en esos momentos donde esta emoción se aviva.

- o Suelto, avanzo, fluyo y confío.
- o A pesar del miedo actúo.
- o Me vacío para recibir.
- o Estoy segura y a salvo.
- o Soy la vida que deseo tener.

- La *ira* se representa como una revolución interna. Algo dentro de ti te dice que alguna situación o persona no está alineada contigo, con tu forma de percibir la vida, con tu sistema de valores, y entonces se genera un choque, una explosión de energía que se encuentra frente a algo, para ti, distorsionado. Es importante recordar que vivimos en un mundo de percepciones y lo que hace felices a unos puede que no represente la felicidad para otros. Lo que es importante para ti puede que no lo sea para otras personas que incluso vivan contigo. Lo que es verdadero para alguien puede que no lo sea para otros. Entonces reconocer este punto nos libera, ya que como dice el postulado de la PNL (Programación Neurolingüística). «El mapa no es el territorio». Nuestra percepción no representa la totalidad de las percepciones. La ira nos invita a reconocer este punto, a reconocernos a nosotras y a los demás y desde la base de la comprensión y la compasión a poder soltar las resistencias que nos permitan liberar esta emoción, para desde allí abrir nuestra mente a mirar posibles soluciones y distintas posibilidades.

- La *tristeza* viene a invitarnos a disminuir el ritmo. Con esta emoción bajan los niveles de energía y se crea el clima interno propicio para llorar. El llanto funciona como un mecanismo para drenar la carga emocional. En este caso la tristeza viene a ayudarnos a aceptar e integrar un cierre de ciclo. Tal como lo mencioné en páginas anteriores, la tristeza se despierta para ayudarte a asimilar la pérdida. Puede ser luego de una mudanza, del fin de una relación, de un cambio de trabajo o de la desaparición física de un ser querido. Después de permitirte llorar y drenar, entrará el espacio de reflexión, que te ayudará a tomar decisiones para seguir avanzando en tu vida con equilibrio. Si no permites el desarrollo natural de este ciclo, esa emoción se puede anclar y quedar atrapada dentro de ti. Es por ello por lo que hay personas que llevan mucho tiempo, incluso años conectadas con una tristeza que cada vez se hace más profunda. Es indispensable tomarte el espacio para vivir esa emoción, es decir, identificar, reconocer, autoexplorar y gestionar te ayudará a poder aprender de ella y trascenderla. Dedica espacios al día solo para ti, para estar a solas. Contempla el cielo, un paisaje, los árboles o las nubes a través de tu ventana. Tomarte algo contigo misma, una taza de café, un zumo o infusión te permitirá reflexionar. Dedícate espacios de reflexión honesta y sincera contigo. Siente tu cuerpo por dentro, pon tu mano sobre tu corazón, escúchate, ámate y atiéndete. Verás cómo todo fluye hasta cambiar tu perspectiva, encontrar el aprendizaje y trascender esa emoción.

Crea el tono emocional

Cada mañana tienes el poder de crear el tono mental y emocional de tu día. La palabra «tono» hace referencia a *modo, frecuencia, energía*. Esto marcará en qué frecuencia mental y emocional te mantienes hoy. En este apartado te enseñaré cómo crearlo. Recuerda que tienes el poder de elegir qué pensar y qué sentir.

Al comenzar el día elige cómo quieres sentirte. Así como eliges la ropa que usarás, puedes escoger conscientemente los pensamientos rectores de este día y qué emoción quieres que se active hoy en ti y te acompañe durante toda la jornada. Esto no quiere decir que todo será color de rosa; esto quiere decir que, pase lo que pase durante el día, esta, la que has escogido, será tu frecuencia activa dominante y te ayudará a redirigir más positivamente, a percibir las situaciones que se presenten de otra manera, con más recursos emocionales para enfrentarlas. Te daré un ejemplo de cómo he vivido esto:

Hace ya varios años estuve muy comprometida emocionalmente, vivía presa del miedo, la angustia, la incertidumbre y las preocupaciones. Esto no me estaba haciendo bien, ni a mí ni a mi familia, juntos estábamos pasando por un momento crucial, nuevo y muy complejo para nuestras vidas. Nos sentíamos solos, desconcertados y muy asustados ante un mundo nuevo que estábamos creando. Yo ya tenía todas mis formaciones de *coach*, ya había trabajado como terapeuta y la PNL (Programación Neurolingüística) era parte de mi forma de ver la vida. Sabía que era una situación dura y sabía que podíamos salir de ella. Inicialmente me enfoqué en el hacer. Pero mis emociones desbordadas no me ayudaban a avanzar en equilibrio y me di cuenta (en la práctica, porque en teoría ya lo sabía) de que debía comenzar por el ser y ser esa mujer equilibrada, calmada, confiada, segura… Quería ser en este nuevo espacio y circunstancias para que la vida fluyera en equilibrio y así poder avanzar, expandirme y crecer. Fue en ese momento cuando decidí implementar todo lo que sabía en mí misma, creé nuevas herramientas, técnicas y ejercicios que me ayudaron a salir de allí y a estar hoy escribiendo este libro para ti, compartiendo todas estas prácticas para el equilibrio interno.

En esos días decidí que cada mañana escogería mi estado mental y emocional conscientemente (tono emocional) y elegiría cómo me quería sentir durante todo el día y que pasara lo que pasara allí afuera, yo establecería el compromiso fiel conmigo misma de mantenerme apegada a mi elección.

Recuerdo que un día decidí que me quería sentir tranquila; lo apunté en mi libreta al comenzar el día y luego cerré el cuaderno y lo dejé allí. Ya estaba la semilla activa de ese estado emocional en mi ser, como una nota recordatoria en mi mente Y comenzó el día; tenía cita en el pediatra con mis hijos. Al salir estuvimos de paso por un parque y, aunque, ahora mismo no recuerdo muy bien la situación específica, lo que sí recuerdo fue a mis hijos desbordados, el pequeño llorando y la mayor enfadada allí en la mitad del parque. Yo, por supuesto, para esa época tenía un equilibrio muy sutil y lo perdía muy rápido, estaba realmente exhausta. Así que mi reacción inicial fue de agobio; casi automáticamente, sin embargo, en ese mismo instante me vino la imagen a mi mente de mi cuaderno y en una fracción de segundo me dije: «Esto no fue lo que te pediste esta mañana, Johana. Elegiste que hoy fuera un día tranquilo». En ese momento me hice consciente de mi elección y pude pasar sobre la vorágine emocional y elegir vivir esa situación de una forma diferente. Me detuve por un instante, paré de hablar, respiré profundo un par de veces, oxigené mi cuerpo y mi mente y elegí cómo me quería sentir. Luego me agaché a la altura de mis niños, les pregunté calmadamente cómo les podía ayudar, les expliqué qué podíamos hacer y qué no, yo les entendí, ellos me entendieron y *ta tannn*, todo fluyó y nos fuimos a casa tranquilos, tal como lo pedí por la mañana. Esa fracción de segundo de conciencia cambió todo el curso de lo que podía ser un día agobiado y tenso a lo que fue, un día tranquilo y calmado. Desde entonces comencé a aplicar esta práctica diaria que me ha ayudado muchísimo; en su momento me ayudó a salir de emociones densas y desagradables, hoy me ayuda a crear, construir, expandirme, elevar mi frecuencia y crecer.

Porque sí, siempre se puede ir a más, además una vez que estás en un estado mental y emocional en equilibrio te acompañan más las emociones alineadas. Este estado requiere un mantenimiento diario para no perderlo, es como entrenar un músculo mental y emocional, de esto hablaremos en las próximas páginas. Desde ese momento la frase «suelto, avanzo, fluyo y confío» se convirtió en un mantra para mí; me la repetía todos los días, hoy te la comparto a ti.

Con esta historia te invito a escoger conscientemente cada día cómo te quieres sentir y a escribirlo. Es muy poderoso el acto de escribir, ya que esto guardará la imagen mental de tu nueva elección y te ayudará a mantenerla más presente en el transcurso de tu día.

Audio regalo

A continuación, escanea el siguiente código QR o ingresa al siguiente enlace para escuchar el audio regalo de este capítulo.

https://johanaanez.com/soy-la-vida-que-deseo-tener

TERCERA PARTE

Crea un nuevo estado mental emocional

5

Tu nueva yo

Para vivir una nueva experiencia de vida es necesario crear una nueva identidad. Una nueva forma de ver la vida, de percibirte a ti misma, de pensar y de sentir. Porque si sigues pensando acerca de ti y de lo que te rodea lo mismo, conectando con las mismas emociones, sentimientos y pensamientos sobre ti y tu entorno, hablando igual y actuando de la misma forma, tu vida, tus experiencias y resultados seguirán siendo los mismos que hasta ahora.

Si realmente deseas una transformación de vida total y profunda, debes crear una nueva yo. Una que piense, sienta, hable y actúe distinto y eso es lo que haremos juntas en las siguientes páginas de este libro. ¡Te acompaño!

Para crear una nueva identidad es primordial haber pasado por los capítulos anteriores, conocer tu sistema de creencias actual, identificar pensamientos y creencias limitantes y comenzar a trabajar conscientemente en transformarlo, en incorporar un nuevo sistema de pensamiento, tal como lo expliqué en el apartado dedicado a ello. También en conocer tu sistema emocional actual y gestionar las emociones densas, no atendidas o estancadas que puedan estar aún activas en ti, para desde allí generar un nuevo estado emocional más equilibrado. Esto también lo exploramos en páginas anteriores.

En medio de este proceso de creación y de este nuevo camino de vida desde la autoconciencia, la conexión interior y el equilibrio que has iniciado es importante tener siempre presente la visión clara de quién quieres ser, cómo es esa nueva persona en la cual quieres convertirte: cómo piensa, cómo actúa, cómo se siente, cómo se relaciona con los demás, cómo habla, cómo responde ante los desafíos de la vida, cómo toma decisiones, cómo camina, cómo se presenta ante el mundo…

Es por ello por lo que, a continuación, te invito a describir a esa nueva yo. Escribe con detalles cómo es esa nueva persona en la que te estás convirtiendo:

_____

_____

_____

_____

_____

_____

_____

_____

_____

_____

_____

_____

_____

_____

_____

_____

_____

_____

_____

_____

_____

_____

_____

_____

_____

_____

Teniendo ya más claridad acerca de cuál es el camino y de hacia dónde vas en tu proceso de transformación interna, ahora te sugiero que leas esta descripción todos los días. Esto te ayudará a mantener presente tu visión, a conectar con ella, a darle vida en cada minuto de tu día. La idea es que a partir de este momento comiences a actuar, pensar, sentir, ser y hacer como esta nueva persona, como tu nueva yo.

Cada vez que estés frente a cualquier situación pregúntate: «¿Cómo actuaría mi nueva yo frente a esto?». Cada mañana cuando vayas a arreglarte para salir pregúntate «¿cómo se vestiría mi nueva yo?» y hazlo. Cada vez que salgas de casa pregúntate «¿cómo caminaría mi nueva yo?» y camina desde ese espacio de renovación. Cuando tengas que tomar una decisión, pregúntate «¿qué decisión tomaría mi nueva yo?» y actúa en consecuencia, coherencia y fidelidad con esa nueva versión de ti. Y así día a día irás integrando tu nueva identidad hasta convertirte y vivir naturalmente en ella.

¿Cómo mantenerse alineada?

Ciertamente la vida nos presenta retos a diario y mantener este enfoque, esta determinación y esta nueva visión en ocasiones puede verse teñida por estas situaciones desafiantes. Es por ello por lo que realizar prácticas diarias de alineación te ayudará a mantener el estado de equilibrio y si en algún momento lo pierdes (porque puede pasar), a volver mucho más fácil y fluidamente a él, porque tendrás las herramientas para hacerlo.

Son muchas las personas que vienen a mis programas porque quieren mejorar en algún aspecto de sus vidas, generalmente en cuanto a la gestión de sus pensamientos, emociones y acciones/conductas en desequilibrio que le están afectando en diferentes áreas de su vida (salud, familia, pareja, profesional, entre otras) y generando frustración, ansiedad, estrés, miedo, inseguridad, preocupación, sensación de estancamiento…

Estamos viviendo una época de mucha incertidumbre. El ruido mental, la velocidad de los cambios, los elementos distractores, forman parte del día a día y es por eso importante crear espacios de **conexión** y **creación** para desarrollar y fomentar en tu vida un estado mental y emocional en equilibrio, y desde allí poder generar esos resultados que tanto deseas.

A continuación te guiaré paso a paso con diferentes prácticas de alineación para lograr ese equilibrio emocional. Quiero que sepas que es posible alinear y equilibrar tus pensamientos y emociones para crear y vivir tus días y tu vida como quieras. Esto es posible gracias a la capacidad que tiene el cerebro para ser entrenado, a su plasticidad y a los grandes recursos internos que posees.

Tu mente subconsciente tiene la capacidad de plasmar en este mundo físico esas creencias o convicciones que das por hecho para ti. Y esto funciona de una manera muy literal. La mente subconsciente, que es donde se encuentra toda esa información basada en tus creencias, actúa sin filtros. Es decir, para ella no hay nada bueno ni malo, para ella, simplemente, es.

De ahí la importancia de entrenar tu mente consciente, que es la guardiana, la que está todo el día dudando, preguntando y a veces saboteando. Claro, su función es protegerte, cada vez que inicias algo tu mente consciente duda, se cuestiona, evalúa si será lo mejor para ti o no. Así que es posible entrenarla para que esté abierta al mundo de posibilidades y esté donde tú quieras que esté. Es posible pasar esa nueva información a tu mente subconsciente, poner en ella lo que deseas experimentar en tu vida (un nuevo sistema de creencias más potenciadoras y alineadas a tu nueva yo) para que esta pueda reflejar y a la vez manifestar los resultados que sí quieres en tu realidad, manteniendo lejos de ti, de tu atención, las creencias que te limitan para lograrlo.

¿Cómo podemos hacer esto? Incluyendo una nueva información y manteniendo «entrenada» la mente.

Y eso es lo que vas a hacer con las prácticas que compartiré contigo a continuación.

Antes de comenzar, quiero que seas muy consciente de lo indispensables que son la constancia y la repetición, ya que una de las formas de aprendizaje del cerebro es, precisamente, por repetición. La mente trabaja desde lo conocido, así que la primera vez que haces algo suele parecer raro y hasta incómodo. Sin embargo, en la medida en que lo practicas, se vuelve conocido y más fácil de realizar, porque esta información ya se ha incorporado en ti. Todas las técnicas, herramientas y ejercicios que verás y aprenderás con estas páginas es importante que los realices con mucha frecuencia, y ¿qué es mucha frecuencia? «Todos los días».

¿Todos los días?

¡Sí!

Si quieres resultados distintos, si quieres evolucionar, avanzar, trascender algún estado, expandirte y crecer, tu compromiso debe ser del 100 %. Si es de solo algunos días nada más, pues es probable que tus resultados deseados y el equilibrio dure algunos días nada más. Si tu compromiso contigo es intermitente, tus resultados serán intermitentes. Y buscamos un nuevo estado mental y emocional en equilibrio que sea sostenible en el tiempo.

También es importante tomar en cuenta la autorregulación. Aquí te enseñaré varias técnicas y tú puedes ir autorregulando e incorporando una a la vez, o ir probando inicialmente con ellas, hasta que te quedes con las que más te funcionan a ti. Lo importante siempre es que te sientas bien y a gusto con lo que estás haciendo, pues así funcionarán las técnicas y tendrás mayores probabilidades de obtener resultados deseados.

Otro punto que hay que resaltar son los tiempos. Todo proceso requiere tiempo; estás incorporando una nueva información, esto es el inicio de un nuevo proceso de aprendizaje y lo importante es que reconozcas tu ritmo, que identifiques que estás dentro de un proceso y que evites forzar o compararte con otras personas. Los tiempos del *ser* no se presionan.

Para comenzar, quédate con esta palabra: «confía», porque solo confiando en ti, en que puedes, en tus capacidades, en que has llegado y estás en el lugar adecuado y en que lo mereces, funcionará.

Espacios de conexión

Los mayores momentos de conexión con tu mente subconsciente —esa donde se encuentra toda la información, allí donde están todas las respuestas a tus preguntas, esa que te conecta a tu verdadero ser y esencia—, cuando está más activa y es como si aún tuviera la puerta entreabierta y te dejara mirar a través de la rendija, se dan por la mañana, justo al despertar, y por la noche antes de dormirte ya en la cama.

Así que estos espacios son propicios para conectar contigo, porque será más fácil dejar entrar allí la nueva información que deseas integrar. Es un espacio de mayor quietud interna y la mente consciente está aún «medio dormida».

Los espacios de conexión son espacios de silencio contigo, donde tendrás la oportunidad, de aquietar tus pensamientos, reordenar y organizar tu mente, ya que al conectarla con un estado de calma, quietud y paz interior estará más tranquila y te proporcionará la claridad que necesitas para tomar acciones y decisiones alineadas a tu ser. Del mismo modo crearás el tono emocional que te acompañará en tu día.

Técnicas de conexión

1. Meditación

La meditación es un estado de atención plena, donde conectas con tu yo interior, con tu energía y esencia. El objetivo de realizar un espacio de conexión a ti mediante la práctica meditativa es atender a tu *ser*, a tus emociones y pensamientos y a tu cuerpo. Hay muchas técnicas de meditación para calmar la mente y gestionar adecuadamente tus emociones. Te explicaré algunas más adelante.

Postura: lo importante inicialmente es que te sientas cómoda, que la postura de tu cuerpo te permita permanecer en ella durante algunos minutos. Si estás físicamente cansada es preferible que la realices sentada (así también se favorece la circulación de la energía en ti) manteniendo tu espalda recta, los pies preferiblemente en el suelo y tus manos sobre tus piernas.

Tiempo: la meditación tiene grandes beneficios incluso desde el primer minuto de su práctica. Hay muchos estudios que han revelado su gran impacto positivo en la actividad neuronal durante y luego de su práctica.

Comparto una información que me pareció muy útil saber, de un artículo de *Time and Effects on Meditation (Tiempo y efectos en la meditación)* (n. d.), acerca del impacto que tiene la meditación, dependiendo de la cantidad de tiempo en la que la practicamos:[7]

— 3 minutos: aumenta la circulación en la sangre; se distribuyen las secreciones neuroendocrinas en todo el cuerpo.
— 7 minutos: las ondas de frecuencia cerebral se relajan; al mismo tiempo el campo electromagnético alrededor del cuerpo aumenta en fuerza.
— 11 minutos: los sistemas simpático y parasimpático del cerebro se equilibran generando energía.

---

[7] *Time and Effects on Meditation (Tiempo y efectos en la meditación)*. (n.d.). Yoga exercises | Miami Beach, FL-Indra Kaur. Retrieved January 26, 2024, from http://thesecretsofyoga.com

- 22 minutos: los pensamientos que producen ansiedad en el subconsciente comienzan a aclararse; se calma la mente.
- 31 minutos: se equilibra totalmente el sistema endocrino, lo que beneficia a toda la mente, a la energía y al cuerpo; se reflejan cambios en el estado de ánimo y la conducta.
- 62 minutos: se integran la «mente sombra» subconsciente y la proyección positiva externa.
- 120 minutos: se mantiene el cambio en la mente subconsciente durante todo el día.

Técnicas para calmar la mente y gestionar emociones

Aquí te explico algunas de las técnicas que más uso para mantener mis pensamientos y emociones en equilibrio en espacios de meditación:

A. Contar respiraciones:

Realiza este ejercicio por algunos minutos y pronto podrás notar los resultados. Aplica esta técnica y aprende a sentirte bien para generar equilibrio en tu vida.

- Toma una postura cómoda donde tu columna vertebral esté alineada.
- Cierra tus ojos.
- Presta atención a tu respiración. Inhala y exhala por la nariz.

- Al inhalar cuenta 1, al exhalar cuenta 2, al volver a inhalar, 3... Y así sucesivamente hasta llegar a 10, cuando llegues a 10 vuelve a comenzar en 1.
- Si algún pensamiento te visita, no pasa nada, déjalo ir y vuelve a comenzar en 1.
- Si en algún momento pierdes la cuenta, tampoco pasa nada, vuelve a comenzar en 1.

Aquí estás entrenando a tu mente a que esté dónde tú quieres que esté. Además de desarrollar tu capacidad de concentración, atención y enfoque.

B. Respiración y gestión emocional:

Con este ejercicio utilizamos el principio de autosugestión *(idea o imagen que nace espontáneamente en una persona)*, diciéndole a nuestra mente y a nuestro cuerpo qué queremos pensar y sentir ahora. Estamos enviando una orden a nuestro sistema.

- Identifica cualquier emoción o sensación desagradable que sientas ahora.
- Toma aire y al exhalar repite mentalmente (de tres a cinco veces) «suelto y libero». Si al exhalar quieres hacerlo por la boca, lo puedes hacer, sin embargo, al inhalar vuelve a hacerlo por la nariz.
- Puedes visualizar, escuchar o sentir cómo eso que estás eliminando comienza a alejarse de ti. Se aleja más y más, hasta desaparecer en la distancia.
- Seguidamente identifica qué emoción o sensación agradable quieres sentir y al inhalar siente cómo entra en ti.

Respira lo que deseas. Mentalmente repite: «Respiro calma, confianza, tranquilidad, energía». Y así con cualquier estado emocional agradable que quieras incorporar en ti.
- Percibe las sensaciones físicas que generan estas emociones agradables en ti. ¿Cómo se sienten solo con pensarlas?

De esta forma estás ayudando a esas emociones desagradables a moverse para poder ser procesadas y conscientemente liberadas.

C. Escaneo físico y mental:

Este ejercicio favorece la liberación de energía acumulada en alguna parte de tu cuerpo que físicamente se contrae en los músculos, producto del estrés y las tensiones. Al hacerte consciente de estas y de su ubicación específica a través de este ejercicio podrás ayudar a su soltura y relajación.

- Toma una postura cómoda con la que tu columna vertebral esté alineada.
- Cierra tus ojos.
- Presta atención a tu respiración. Inhala y exhala por la nariz.
- Identifica las sensaciones físicas que se despiertan en tu cuerpo.
- Inicia un escaneo mental desde los pies hasta tu cabeza.
- Si identificas alguna sensación de resistencia o malestar, dirige toda tu atención allí.
- Al inhalar lleva mentalmente el aire a esa zona para nutrir tus células.
- Al exhalar siente cómo se liberan los nudos que la atan, siente cómo con cada exhalación se disuelven y disipan.

- Continúa el escáner por todo tu cuerpo; si sientes otra sensación de resistencia en alguna otra parte, ve allí y repite el proceso.
- Identifica las sensaciones de resistencia en las diferentes partes de tu cuerpo y liberarlas a través de tu respiración.

De esta forma usas el aire a través de la respiración como un canal para limpiar conscientemente las emociones que puedan estar alojadas en tu cuerpo físico, ayudándolas a moverse, a disiparse y liberarse logrando volver a un estado de equilibrio físico.

D. Ciclo de respiración completa:

El objetivo de este ejercicio es activar todo tu sistema llevando más oxígeno a tu cerebro para así poder acceder a otro tipo de pensamientos y emociones más elevadas.

- Toma una postura cómoda con la que tu columna vertebral esté alineada. Los pies, preferiblemente en el suelo.
- Cierra tus ojos.
- Presta atención a tu respiración. Inhala y exhala por la nariz.
- Al inhalar lleva el aire hasta tu abdomen, siente cómo este con cada inhalación se expande. Y al exhalar se suelta y se relaja cada célula de tu cuerpo.
- Ese aire llega hasta tu abdomen y pasa luego por tu pecho hasta elevar ligeramente tus hombros.
- Así disfrutas del ciclo completo de la respiración en ti.

- Siente cómo el aire le da un ligero masaje a tu cuerpo por dentro.
- Repite al menos diez veces el ciclo completo.

De esta forma estás activando la energía de tu cuerpo. El oxígeno te ayudará a mover tu sangre, a que se active tu sistema interno. Esto te permitirá cambiar el estado mental y emocional, ya que al producirse nuevas sustancias químicas dentro de ti podrás «mover» tu mente y tus emociones a un lugar de mayor equilibrio.

E. Atender a un sonido:

Este ejercicio te ayudará a elevar tu atención y concentración.

- Toma una postura cómoda con la que tu columna vertebral esté alineada.
- Cierra tus ojos.
- Inicialmente pon la atención en tu respiración. Inhala y exhala por la nariz.
- Seguidamente enfoca tus sentidos a la audición, presta atención a los sonidos que percibas. Puedes iniciar con tu entorno, luego internamente, incluso puedes mantener un sonido en mente, un mantra o una frase potenciadora.
- Escoge un sonido que te genere bienestar, calma, quietud o el estado emocional con el cual quieres identificarte en este momento y fija tu atención en él por unos minutos quedándote allí.

De esta forma estás desarrollando tu capacidad de enfoque, atención y concentración, así como un estado de conexión, calma y quietud.

2. Contemplación / apreciación

La contemplación o apreciación es un estado también de atención plena; podemos decir que es un tipo de meditación activa donde colocamos el enfoque en nuestro momento presente, en esas cosas maravillosas que nos rodean, observando, escuchando, sintiendo, atendiendo y contemplando nuestro entorno. Es un ejercicio muy fácil y a la vez poderoso. Puedes:

- Mirar el cielo.
- Contemplar una planta, una flor o un árbol.
- Mirar a través de tu ventana.
- Un paisaje.
- Una persona.
- Lo que te rodea.
- Incluso a ti misma.

Puedes hacer una lista, mentalmente o escrita, de todas esas cosas que te gustan, que disfrutas y aprecias de tu vida: tu entorno, tu espacio, tu ahora, tu cuerpo… Y que te conectan a ti, a tu esencia, a tu ser. También puedes mencionar y conectar con esas acciones que te hacen sentir bien. Una de las formas que más me gustan para realizar este ejercicio son las caminatas o paseos. Lo describiré más detalladamente en el apartado de movimiento físico.

3. Oración

Cuando hago referencia a la oración no solo me refiero a esa de carácter o connotación religiosa (que también es válida, por supuesto), sino a un sentido más amplio de la palabra.

Es tu conversación con tu Yo Interior, con esa energía superior (como la identifiques para ti está bien, llámese Vida, Dios, Universo, Fuente, Luz…).

Es un espacio de comunicación transpersonal donde conectas con tu espiritualidad, con ese espacio energético de tu *ser*, donde todo es posible, donde te sientes sostenida, donde hay paz, amor, confianza, fe, energía y contención.

Puedes tomarte unos minutos cada mañana y cada noche para conectar con esa parte de tu ser, de tu energía, desde la gratitud, la contemplación, la conexión, tu guía. Es una práctica muy poderosa.

Puedes:

- Agradecer las experiencias y aprendizajes vividos.
- Recargar tu energía para el día o relajar tu cuerpo antes de dormir.
- Pedir guía, señales y protección.
- También puedes entregarle tu intención y pedir que se resuelva cualquier situación o se manifieste de la mejor forma para ti y para todos en armonía perfecta.
- Hablar, entregar, confiar, agradecer, pedir…

4. Tomarte algo contigo en silencio

Esta es una práctica que llevo muchos años haciendo; es reservarme un espacio en silencio conmigo y tomarme algo que me guste y disfrute mucho. Lo puedes hacer cada mañana, luego de despertar.

Puedes ajustar el orden de las prácticas al que te haga sentir mejor. Yo suelo meditar primero y luego me tomo mi taza de café en silencio conmigo. Me gusta hacerlo mirando por la ventana el cielo, los árboles, las nubes, el sol… Puede ser una taza de café, de té, de cualquier infusión o bebida de tu preferencia, lo importante es que te guste y lo disfrutes. Será un espacio de conexión y reflexión para ti, donde cultivar, cuidar y elevar tu energía será tu prioridad.

5. Movimiento físico

Las caminatas o paseos son espacios perfectos de conexión interior con tu energía y con tu fuente. Una técnica muy poderosa llamada *psicogeografía* utilizada en PNL (Programación Neurolingüística) hace referencia a que cuando nos movemos físicamente nuestra mente también se mueve.

Y me dirás: «¿Cómo se mueve?». Ciertamente no se mueve de lugar físico, sigue estando en ti. Cuando hago referencia a que la mente se «mueve» me refiero a que esta accede a otro espacio. Se mueve de un estado mental a otro. Cuando nos movemos físicamente de lugar, caminamos, corremos, «nos movemos», la mente tiene la capacidad de «mover» y cambiar su enfoque y, por tanto, de acceder a otro tipo de información, de conectar con otros pensamientos y de generar otros estados emocionales.

Así que mi invitación es a que cuando quieras «sacar» a tu mente de algún tema, MUÉVETE.

Dentro del espacio de movimiento físico una de las prácticas que me gusta mucho, que realizo personalmente y que quiero compartir contigo es la *danza*.

Mover tu cuerpo y dejarte sentir a través de la música es melodía para cada célula de tu ser. Te conecta con tu sentir, te ayuda a procesar emociones, a moverlas y a trascenderlas. A mi amiga y compañera de PNL Celsa Pérez, quien también es formadora en *Biodanza Sistema Rolando Toro A.*[8], le he pedido que escriba unas líneas para este libro y para compartirlas contigo. En ellas nos cuenta el poder de la danza para la gestión emocional:

> *La práctica continua de biodanza le sigue sumando vida a mi vida, cuando me entrego a sus vivencias inevitablemente genero coherencia emocional. Ese sentir, pensar y actuar coherentemente se va logrando con progresividad a través de la biodanza. Sí, cuando yo biodanzo estoy segura de que se alinean mis emociones. En una sesión danza todo mi ser, cuerpo, mente, emociones, en fin, todo lo que está registrado en la memoria de mis células se ve involucrado. Y es a través de una combinación perfecta compuesta por el movimiento pleno de sentido de mi cuerpo, además del grupo, la consigna y la música orgánica previamente seleccionada por tener una especial semántica que se utiliza en Biodanza, que comienza a ocurrir la danza biológica y expresión de mis emociones. Después de esa danza*

---

[8] Egresada de la Escuela Venezolana de Biodanza. Nro. de IBFed-2377.

entre mis emociones, la sensación de bienestar y armonía interior es sensorialmente comprobable, mis ganas y alegría de vivir se expanden exponencialmente. La Biodanza Sistema Rolando Toro A es un sistema de integración humana que me ayuda a transformar y reeditar mi historia emocional.

¡Precioso! Mi invitación a danzar.

6. El arte

Esta es una de las prácticas más recientes de incorporación para mí en mi vida. La descubrí gracias a una de mis queridas alumnas, que semanalmente acude a eventos relacionados con el arte: conciertos, cine, galerías, librerías... Estos le permiten conectar con otras frecuencias: con la belleza de la música, las letras, la fotografía, la escultura, la poesía, la pintura y las historias contadas a través de la gran pantalla. Prácticas con las que también puedes conectar desde tu propia casa, propiciando los espacios y los recursos para ello.

Toda esta energía de alta frecuencia ayuda a conectar con nuevos pensamientos, a crear nuevos estados emocionales más elevados, emociones asociadas a la profundidad que transmite el arte a través de su impacto sensitivo, su belleza e inspiración.

Rodearte y sumergirte en esta energía te ayudará a mover emociones, conectar a nuevas frecuencias, crear nuevos pensamientos, elevar tu propia energía, conectarte a la belleza, la inspiración, la gratitud y el amor.

Yo he comenzado a practicarlo y la sensación que queda en todo mi cuerpo es indescriptible luego de experimentarlo y más cuando lo haces con frecuencia. Hoy en día existe una amplia y variada propuesta cultural y artística; te animo a apreciar e integrar el arte a tu vida y a conectar tus emociones a través de él.

Espacios de creación

Los espacios de creación son momentos que dedicas a, como su nombre lo indica, crear en tu mundo invisible de tus pensamientos y emociones, a diseñar eso que deseas.

Podemos crear el tono emocional del día respondiendo a «¿qué quiero?» y «¿cómo quiero sentirme?».

Existen varias técnicas de creación; te explicaré las que yo utilizo.

Escritura: en este espacio puedes escribir afirmaciones, decretos o declaraciones, según sea tu objetivo y, específicamente, depende de que estés trabajando. Te he dado muchos ejemplos en los capítulos anteriores. También puedes hacer escritura terapéutica, escribiendo cómo te sientes y estableciendo tu estado deseado: cómo quieres sentirte. Este ejercicio ayuda mucho a tener mayor claridad y conexión con tu estado mental y emocional, también te permitirá registrar tus avances y establecer por escrito tu tono emocional del día. Te recomiendo tener un cuaderno o libreta personal especial para este trabajo de conexión y creación interior.

Lectura: te permite ampliar tu mapa de la realidad incorporando una nueva información. Aquí la clave es que lo incorpores a tu vida, lo pongas en práctica y tomes acción para avanzar. Es importante que sea una lectura que te nutra, que el tema te guste y que además también vaya alineado con tu objetivo y conexión a tu estado deseado. Escoge libros que te llamen la atención, que te agraden, inspiren, que estén alineados a tu nueva yo y te aporten una nueva visión.

Audios: estos me han ayudado mucho a incorporar nueva información y seguir nutriéndome con energías potenciadoras a través de diferentes formatos para el aprendizaje, tales como audiolibros, grabaciones de clases *online*, meditaciones, *podcast*, cursos y/o taller *online*. Es un formato que me gusta mucho y que suelo utilizar en los trayectos, cuando voy a buscar a mi hijo al colegio o salgo a dar un paseo, cuando voy en el autobús o caminando, e incluso dentro de casa cuando me pongo a hacer el desayuno o la comida. Puedes nutrirte en esos momentos, tanto si vas conduciendo como si estás haciendo alguna tarea del hogar. Son tiempos muy valiosos. Yo los uso a diario.

Visualización creativa: esta es una práctica muy potenciadora, ya que te ayudará a crear una imagen mental clara de lo que deseas experimentar. En medio de tu propia meditación, esa que te sugerí en páginas anteriores incorporar como una práctica diaria, luego de generar un estado de tranquilidad y conexión interna, puedes comenzar a imaginar mentalmente eso que deseas experimentar. Puede ser un estado deseado, por ejemplo, si quieres sentirte segura, tranquila y confiada. Cómo sería esa imagen, cómo te verías a ti misma actuando de esa forma, cómo hablarías, caminarías, te expresarías. Crea la imagen mental de tu nueva yo o tu yo ideal. Y conecta con esa imagen mental cada día en tu meditación.

Visualización activadora: ciertamente hay muchos recuerdos del pasado que pueden hacernos daño, porque la mente no distingue entre lo recordado y lo experimentado en el momento. Cuando activamos un recuerdo nuestra mente lo revive y nuestro cuerpo lo siente en el instante. Podríamos decir que es como vivir el pasado en el presente. Es importante no entretenernos en esos recuerdos si no nos están aportando nada.

Sin embargo, no todos los recuerdos son limitantes; seguramente hay algún momento o experiencia de tu vida que cuando los rememoras te alegran el alma y hacen que se active la sonrisa en tu cuerpo. Puede que haya alguno que te haga sentir más tranquila, segura o confiada. La visualización activadora es justamente eso, evocar una situación, momento o experiencia del pasado que esté asociada a una emoción que quieras activar ahora. Por ejemplo, recordar algún momento en el que te hayas sentido protegida te ayudará a activar esa sensación física en tu cuerpo ahora. Revivir una experiencia de logro te hará activar esa sensación de ¡sí puedo lograrlo ahora! Aquí la invitación es a que, cuando desees activar una emoción o sensación física en tu cuerpo, recuerdes algún momento del pasado en el que te hayas sentido así. Tu mente la revivirá con detalles y tu cuerpo la sentirá de ese modo en el instante. Luego el trabajo está en sostener esa sensación y mantenerla a lo largo del día. Mañana puedes repetir con esa misma emoción o sensación o cambiarla por otra. Y así puedes efectuar la activación cada día o cuando más lo necesites.

Sugerencias: es importante tener flexibilidad contigo, recuerda que es un proceso y que todo proceso requiere su tiempo; las prácticas de alineación puede que requieran adecuación para que sean adaptadas a los requerimientos individuales; el acompañamiento es importante para guiar, evaluar, ajustar, verificar y modificar para obtener mejores resultados.

Si sientes que necesitas más ayuda, escríbeme a info@johanaanez.com y te explico cómo te puedo ayudar específicamente a ti.

Audio regalo

A continuación, escanea el siguiente código QR o ingresa al siguiente enlace para escuchar el audio regalo de este capítulo.

https://johanaanez.com/soy-la-vida-que-deseo-tener

6

¿Quién hay más allá?

Existe una conexión que es indivisible y muy profunda. Es la conexión con tu ser interior, un espacio inmutable, inalterable, que permanece siempre intacto, amoroso, lleno de dicha, luz y amor. Es tu conexión con esa energía que te da vida, esa energía llamada Universo, Vida, Dios, Divinidad, Fuente, Luz… Como quiera que la llames y como sea que se represente para ti está bien. Esta conexión es como un hilo invisible que te mantiene conectada siempre. Aunque a veces no lo creas.

Uno de los mayores aprendizajes que he tenido en mi camino de crecimiento interior es el de conocer, descubrir y cultivar mi conexión espiritual. Desde que lo comencé a hacer mi vida ha cambiado por completo. Descubrí que nunca estoy sola, que siempre estoy acompañada, apoyada y sostenida por esta fuerza superior.

Recibí este mensaje a través de un pensamiento en una meditación muy profunda que estaba haciendo guiada por una terapeuta. En ese espacio de conexión profunda conmigo me vino a la mente la frase «más espiritual». Yo en aquel entonces buscaba una respuesta, una respuesta a las situaciones retadoras y desafiantes de mí misma que vivía en ese momento. Me sentía muy nerviosa, asustada y llena de dudas. Fue allí cuando recibí ese mensaje y en principio no lo entendí. Pensé que se refería a cambiar externamente: mi forma de vestir, de trabajar, que hiciera más actividades de meditación… En fin, no lo entendí.

Solo pasados unos años pude conectar con el significado de esa frase. En ese primer momento mi estado mental y emocional no estaba alineado con la respuesta recibida. Nunca encontrarás una solución en el mismo estado mental y emocional donde se creó el problema. Sin embargo, como estoy 100 % comprometida conmigo misma, con mi propósito, con mi camino de crecimiento, evolución y expansión, nunca he parado de conocerme más, de autoexplorarme, de descubrir patrones inconscientes y liberarlos, de atender a mis emociones y trascenderlas. Entonces en este camino continuado lo descubrí. Y desde ese momento mi vida ha cambiado. Nunca más me he vuelto a sentir así. Mi mente pudo salir de ese espacio limitante y obviamente sigo rompiendo con techos de limitaciones mentales que la propia mente se va creando. Mientras esté viva, sigo en mi camino.

Descubrí lo que significa «más espiritual» y hoy lo comparto contigo.

La palabra «espiritual» no es relativa a una religión en particular, es un concepto que va mucho más allá. La RAE define «espíritu» como «principio generador, carácter íntimo, esencia o sustancia de algo».[9] En este sentido, es la esencia o sustancia que te da vida a ti y sinónimo de *aliento, alma, energía interior.* Cuando abres esa puerta para conectar profundamente con lo que te sustenta y da vida comienzan a surgir una serie de experiencias, sincronías, mensajes, que te van guiando internamente hacia tu

---

[9]   Real Academia Española. (n.d.). Espíritu | Definición | Diccionario de la lengua española | RAE-ASALE. https://dle.rae.es/espíritu?m=form

propósito de vida. El mensaje que recibí aquel día me invitaba a ir más adentro, a mirar dentro de mi ser, a conectar con mi esencia, mi aliento y la energía interna que me da sustento de vida. Me invitaba a trabajar desde mi mundo invisible alineando mis pensamientos y emociones para desde allí conectar con las experiencias, situaciones, personas, recursos que me han ayudado a avanzar.

Cuando me refiero a propósito, también quiero invitarte a ver más allá. Puede referirse a tu misión en esta vida, a cómo puedes servir, aportar y ayudar. Sin embargo, quiero ir más allá. Nuestro propósito principal es ser nosotras mismas, ser reales, genuinas, libres y desde esta propia autenticidad, compartir. Tú aportas con tu sola presencia, aportas con lo que eres, con tu esencia y tu energía en cada momento.

Cuando vives desde un estado de conexión interna profunda y de alineación, los que te rodean pueden sentirlo, perciben tu estado de coherencia. No hacen falta palabras para describirlo. Puede que te haya pasado estar frente a alguien y sentir una energía bonita, calmada o poderosa. No sabes qué es específicamente, sin embargo, te gusta estar en su presencia. Se siente. A mí me ha pasado muchas veces que alumnas o participantes de algunos de mis talleres me dicen que con solo estar conmigo y escucharme ya se sienten mejor, que mis palabras las tranquilizan y hacen sentir más confiadas, llenas de esperanza y energía. Yo tampoco sé muy bien cómo sucede, pero sé que sucede.

Trabajo en mi conexión interna a diario desde hace más de doce años, cultivo mi estado de equilibrio, mantengo prácticas de alineación todos los días y soy muy cuidadosa de mi energía. Porque sé que trabajo con ella, que desde esta conexión y estado de equilibrio interno es como ayudo, guío, apoyo y aporto a quienes me rodean. Recuerda esta frase y nombre de este libro: *Soy la vida que deseo tener.*

La vida no te da lo que le pides, te da lo que estás siendo en cada momento de tu vida. Y lo que estás siendo es lo que entretienes y cultivas en tu mundo interno, lo que alimentas a través de tus pensamientos y emociones.

Hay muchas frases o decretos que utilizo a diario y van en relación con mi misión, mi propósito de vida y mi conexión a mi mundo interior. Que como te expliqué anteriormente son indivisibles. Y te los comparto como ejemplo. Le digo a la vida a diario: «Divinidad (aquí puedes colocar la palabra que mejor se identifique contigo: Vida, Dios, Fuente…).

— Pon en mi camino a las personas a las que puedo ayudar con mi trabajo.
— Manifiéstate a través de mis palabras, pensamientos, acciones y conductas en beneficio de todos.
— Que el mensaje llegue a quien lo requiere».

De esta forma entrego mi trabajo a un bien mayor, en conexión profunda con esa energía indivisible que va más allá de mí, que me nutre, me llena, me guía y me da vida.

¿Cómo vivir desde tu conexión espiritual en el día a día?

Existen muchas prácticas de las que he mencionado en páginas anteriores que te ayudarán a vivir desde este estado de conexión. Sin embargo, aquí las explicaré desde esta conexión con el mundo espiritual, con la energía que te sostiene y da vida.

Es importante comenzar por reconocer esta presencia, esta energía que, independientemente de tu credo, siempre está allí. Es indudable que *algo* hace que lata tu corazón, que se muevan las olas del mar, que el planeta gire y se mantenga a la distancia perfecta del sol, que el sistema solar se orqueste en sintonía y que haya sincronías en el universo. Todo esto forma parte de la misma energía que da vida, esa energía de creación poderosa y expansiva. Así que comienza por reconocer su presencia en ti; reconoce que no estás sola (aunque a veces lo creas), que siempre estás acompañada y sostenida por un hilo invisible que te contiene, da vida y guía.

Aprender a quitar las barreras mentales y las densidades emocionales para conectar con esta presencia y sentir su guía es indispensable para avanzar, expandirte y crecer en equilibrio. Como dice *Un curso de milagros,* «tu tarea no es ir en busca del amor, sino simplemente buscar y encontrar todas las barreras dentro de ti que has levantado contra él. No es necesario que busques lo que es verdad, pero sí es necesario que busques todo lo que es falso».[10] A fin de sacarlo de tu vida. Y tu conexión es verdadera, no hay vacilación de esa presencia y sentir en ti. Entonces aprende a liberarte de las falsas proyecciones de tu mente. Limpiar y equilibrar tu estado mental y emocional te permitirá vivir desde este estado de conexión a tu guía interna, un espacio donde no existen la duda, el conflicto, los miedos o las preocupaciones. Porque sabes que pase lo que pase allí afuera

---

[10]   Foundation For Inner Peace, 2015, Texto: Cap 16-IV, pág. 375.

tú estás sostenida por la vida y serás guiada al mejor camino para tu crecimiento, aprendizaje y evolución como «ser espiritual que vive una experiencia humana».[11]

Esta última frase la cito del libro del Dr. Wayne Dyer (2018) *Tus zonas mágicas* —libro que recomiendo leer ampliamente—, donde nos explica cómo usar el poder milagroso de la mente para crear una vida en conexión profunda a esta fuente de vida.

Prácticas de conexión espiritual

1. Reconocimiento del estado de presencia: mantener una conciencia activa de tu estado de conexión interna a esta fuente infinita de energía y amor es el primer paso para vivir desde tu conexión con ella. Esta energía siempre está presente y debes reconocerla para poder crear conscientemente desde ella. Comienza por reconocer su presencia en tu vida; cierra tus ojos, toma un par de respiraciones profundas, pon tu mano sobre tu pecho a la altura de tu corazón y siente su latir. Esa energía está allí. También puedes sentirla en tu respiración, en el aliento que te nutre y te da vida, y en el aire que sopla desde tu ventana, que mueve los árboles, que acaricia tu cara. Y en la sonrisa de un niño o de un desconocido al cruzar la calle por la mañana. Está, siempre está. Solo debes abrir tus ojos, observar y sentir.

---

[11]   Dyer, W.W. (2018). *Tus zonas mágicas. Cómo usar el poder milagroso de la mente / Real Magic. Creating Miracles in Everyday Life*. PRH Grupo Editorial.

2. Meditación como espacio de conexión con tu Ser Superior: la meditación, además de ser una práctica milenaria, está lejos de ser una práctica exclusivamente religiosa. La meditación te ayuda a conectar con estados de atención plena, concentración y relajación. Hoy día existen numerosos artículos y estudios sobre el poder de esta práctica sobre la salud integral del ser. Realizar meditación de una forma recurrente te ayudará a cultivar tu conexión interna, a conocerte mejor, a descubrir tu esencia, a conectar con los requerimientos de tu cuerpo. En este espacio encontrarás todas las respuestas a cualquier pregunta. Yo llevo más de doce años manteniendo esta práctica y hoy en día la vivo a diario; se ha convertido en un hábito de conexión interna desde el que creo mi tono mental y emocional de cada día.

3. Limpieza de percepciones: es importante reconocer que vivimos en un mundo de percepciones y que lo que es válido y verdadero para una persona puede que no lo sea para otra. Cada ser humano tiene su propia percepción del mundo, de su mundo, de sí mismos y de todo lo que le rodea, y puede ser muy diferente a la de otro. Cada percepción es verdadera para cada persona, que parte de su propio mapa mental, de su realidad. Reconocer que esto es y funciona así nos ayuda a elevar nuestro nivel de conciencia, a lograr un entendimiento más profundo de la vida, a liberarnos de la necesidad de tener la razón y a comprender que el «mapa no es el territorio».[12] Es decir, que lo que piense

---

[12] Postulado de la PNL (Programación Neurolingüística). Manual Practitioner en PNL Albania Escalona.

una persona no representa la totalidad de todas las percepciones, solo es su parcela y la que para él o ella es válida y verdadera.

4. *Sé la observadora de tu vida y de lo que te rodea:* asumir una postura más amplia y profunda de la vida, conectando con tu mundo interior, te invita a adoptar una perspectiva de observadora. Cuando te conviertes en la observadora de tu propia vida y de lo que sucede a tu alrededor, liberas los juicios, las críticas e historias mentales, comienzas a deshacer las falsas proyecciones de la mente y ves tu vida con mayor amplitud. Esto te permitirá abrirte al mundo de opciones y posibilidades que está ahora mismo allí para ti. Y nos lleva al siguiente punto.

5. *Neutralidad:* es la aceptación de lo que es como es. Siendo la observadora sin juicio podrás aceptar las situaciones que se presentan sin resistencia. Aceptar no significa que estés de acuerdo, te guste o no te guste. Aceptar significa que es como es y ya está. Le quitas la historia añadida por la mente y la neutralizas. Al neutralizar puedes entonces mirar a través de unos cristales limpios de etiquetas y esto te permitirá tomar decisiones y acciones más alineadas a tu ser, ya que no irán teñidas de percepciones limitantes de la mente.

6. *Tiempo-espacio:* al comprender estos dos términos de una forma más amplia y profunda, alineados a tu mundo interno, te darás cuenta de que el tiempo es el espacio de aprendizaje, el que tu ser requiere para integrar experiencias y evolucionar a través de ellas. Limpiar las percepciones del tiempo y renunciar a la necesidad de vivir apegada a él te ayudará a vivir una vida

más plena y con sentido entendiendo que cada experiencia toma su espacio para experimentar, procesar y trascender. Si en algún momento te sientes atrapada en el *tiempo*, en alguna historia de la mente o situación específica, pide ayuda. Será más fácil si otra persona profesional y con experiencia te ayuda a ver más allá y a salir de allí. Ese es mi trabajo, estoy aquí para acompañarte en ese camino, cuenta conmigo.

Audio regalo

A continuación, escanea el siguiente código QR o ingresa al siguiente enlace para escuchar el audio regalo de este capítulo.

https://johanaanez.com/soy-la-vida-que-deseo-tener

CUARTA PARTE

7

Preguntas frecuentes

En este apartado describiré algunas de las preguntas más frecuentes que recibo de mis alumnas y comunidades:

1. Una vez que comienzo el camino de crecimiento personal y a trabajar en mí, ¿cuánto tiempo se toma en notar resultados de transformación?

El camino de crecimiento personal, para mí, nunca termina. Somos seres de naturaleza evolutiva, así que una vez que decides iniciar este camino es para toda la vida. El tiempo, tal como lo exploramos en las páginas anteriores, es muy relativo en este sentido, ya que son muchos los aspectos que influyen. Además, los tiempos del ser no son cronológicos, no podemos medir con un reloj o calendario el espacio que tomará en sanar una herida emocional, liberar emociones densas o trascender alguna historia, ya que convergen muchos elementos; cada persona tiene un ritmo de aprendizaje distinto, diversas maneras de procesar la información y distintas situaciones que experimentar para integrar, aprender y trascender. Lo que sí te puedo afirmar rotundamente (si mantienes las prácticas, claro) es que verás, sentirás y experimentarás cambios en tu mundo interno, en cómo te sientes contigo misma, en cómo percibes la vida y a los que te rodean, en cómo gestionas tus pensamientos y emociones, en cómo le haces frente a las situaciones que la vida te presenta. Progresivamente irás notando cómo estos pequeños cambios de percepción harán una gran transformación en ti.

2. ¿Qué pasa si mi pareja o familia no me apoyan?

Esta es otra de las preguntas más frecuentes. Y es que, a menudo, puedes encontrar personas, generalmente en tu círculo más cercano, que no entienden este camino de crecimiento interior. Cada ser humano tiene su propio camino de vida, su propia historia, su manera de percibirse a sí mismo, su propio modelo del mundo. Cada ser está en algún punto de su recorrido de conciencia en esta experiencia humana. Intentar que otro cambie o entienda es un esfuerzo en vano, ya que cada ser humano lo hará cuando lo decida y esté listo para ello. Tu trabajo no es el de convencer a nadie, a la única que debes convencer es a ti misma, a tu mente. Comprométete contigo, con tu camino de crecimiento, evolución y expansión. Dedícate a cultivarte, a sentirte mejor cada día, más auténtica, plena y libre. Y desde allí podrás vivir una vida con más sentido. Otro punto importante que cabe resaltar aquí es que, en ocasiones, cuando transformamos nuestra conciencia, la manera de vernos a nosotras y de ver la vida, puede que algunas personas se alejen de nuestra vida y esto forma parte también del camino de crecimiento. De algunas nos dolerá más que de otras. Sin embargo, estas personas que se marchan o salen de nuestra vida es porque ya no están alineadas con quienes somos ahora. Confía en que la vida traerá nuevamente a tu vida relaciones alineadas a la *nueva yo* que has creado.

3. ¿Por qué siento mi vida como una montaña rusa, días con mucho entusiasmo y energía y otros de bajón absoluto?

El camino de crecimiento interior está basado en procesos que conllevan tiempo. Estos espacios requieren de varias etapas. La inicial, donde se comienza a introducir una nueva información, es una etapa de descubrimiento que suele estar llena de mucho entusiasmo porque comienzas a descubrir de todo lo que eres capaz. Conectas a tu poder personal y descubres que tienes el poder de transformar tu vida. Es una fase llena de investigación y exploración de nuevas herramientas de aprendizaje. Luego, la segunda etapa es de aplicación (algunas personas solo se quedan en la primera llenándose de mucha información, sin llevarla a la práctica, solo ven, escuchan y hablan de ello, mas no lo practican). En este espacio comienzas a aplicar todas esas herramientas aprendidas, a practicarlas en tu día a día, a incorporar nuevos hábitos de pensamientos, emoción y acción. Esta es una etapa muy vivencial y experimental, porque vas sintiendo cada cambio de percepción en cómo comienzas a sentirte y en cómo reaccionas ante determinados sucesos, y es la suma de todos estos pequeños pasos la que genera una gran transformación. En este camino de implementación pueden ocurrir muchas cosas, entre ellas que te canses, que quieras soltar o que te abrume el cambio y esto puede hacer que vuelvas a patrones antiguos de pensamiento, emoción y acción.

Por tanto, esta segunda etapa es clave y crucial; es por lo que recomiendo guía en este proceso, ya que puede resultar muy fácil perderse en el camino debido a falsas expectativas y abandonar. Es lo que hago a través de mi programa de acompañamiento. En esta segunda etapa es cuando puedes sentir esa montaña rusa de emociones intensas. El sistema viejo de pensamiento-emoción-acción está intentando seguir activo, presente y mandando en ti, porque hasta hace poco era lo conocido para tu mente. Y ya luego (no sabemos exactamente cuándo) pasas a una tercera etapa de integración, donde todas estas nuevas prácticas, técnicas y herramientas se han convertido en tus nuevos hábitos de vida; adquieres un nuevo estado mental y emocional, nuevos hábitos de pensamientos, emociones y conductas alineados a esta *nueva yo* que has creado. Es natural actuar desde este nuevo estado para ti. La clave está en mantenerte y continuar justo en ese momento en el que quieres soltar. Imagina que cuando eso sucede estás en la mitad del camino, es decir, ya tienes un recorrido muy grande realizado, así que suelta la resistencia, avanza, fluye y confía.

4. ¿Cuando integre las herramientas de gestión emocional, entonces ya no tendré más «esos problemas»?

Esta es otra cuestión basada en falsas expectativas de la mente. A veces me preguntan: «¿Y cuando termine este proceso, esta situación se acabará?». Probablemente esa situación puntual y específica que vives hoy se transformará cuando cambies tu manera de percibirla, cuando trabajes en tu identidad, cuando limpies tus percepciones, cuando liberes emociones densas y atrapadas, ya que generalmente son estos aspectos los que la han creado. Sin embargo, la vida nos seguirá presentando retos. Porque el alma crece frente a los desafíos y cada una de las experiencias que vivimos vienen a enseñarnos algo. Somos seres evolutivos, por tanto, seguiremos creciendo y la vida nos acompaña en ello.

Lo importante aquí es que una vez integres estas prácticas como nuevos hábitos de vida será mucho más fácil para ti gestionar esas situaciones retadoras. Podrás vivirlas desde un lugar de mayores recursos internos y experimentarlas desde un estado de más equilibrio. Y si en algún momento perdieras el equilibrio, también podrás recuperarlo mucho más rápido, porque ya sabes cómo hacerlo. De esta manera te embarcas en un camino de vida mucho más consciente y fluido.

Siguientes pasos

Mi invitación siempre va a ser a continuar, a seguir nutriéndote, cultivándote y alimentando a tu alma, a llevar a tu mente información potenciadora, a seguir manteniendo tu sistema mental, emocional, físico y energético equilibrado y limpio. Seguir profundizando en tu camino de exploración interna, conocerte cada día más y mejor, rodearte de personas que te nutran, te acompañen y estén alineadas a frecuencias elevadas de dicha, gratitud y amor, esto te ayudará a avanzar en equilibrio en este camino.

Recuerda que este libro tiene una frecuencia específica y este ejemplar es tuyo, es tu manual de conexión y alineación para conocerte mejor y experimentar una vida plena. Léelo varias veces, todas las que quieras, incluso puedes hacer los ejercicios nuevamente pasado algún tiempo y verás las diferencias y cambios en tus respuestas. Este es un libro compañero de vida. Si te gusta mucho y quieres que otra persona también lo lea, entonces merece tener su propio ejemplar, para que también lo pueda vivir, sentir y experimentar como tú y también le pueda acompañar.

Si quieres profundizar en todo el trabajo que ya has iniciado con este libro y continuar con tu proceso o sientes que necesitas una ayuda más personalizada, escríbeme a info@johanaanez.com y te explico cómo, a través de mis programas, te puedo ayudar más.

Si te gustaría formarte en gestión emocional y aprender cómo hacer e implementar todas estas prácticas y, además, enseñarlas o compartirlas a otras personas, únete a la única formación en gestión de pensamientos y emociones 100 % práctica y vivencial. Puedes mirar más información sobre la formación escaneando el siguiente código QR, entrando al siguiente enlace o solicitando más información a la dirección de correo arriba indicada.

https://johanaanez.com/especialista-gestion-de-pensamientos-emociones

Gracias por acompañarme en este camino. Ha sido muy placentero plasmar en estas páginas estas vivencias, experiencias, prácticas y conocimientos que hacen hoy de mi vida una más plena y con sentido.

Seguimos avanzando juntas.

Con amor,
Johana

Bono regalo de descuento

Para apoyarte más en tu camino de crecimiento, evolución y expansión quiero regalarte un bono de descuento exclusivo, por tu compromiso contigo misma, por haber adquirido este libro y, sobre todo, por haber llegado hasta aquí. Te invito a entrar a mi *Escuela Online de Entrenamiento Mental & Gestión Emocional Johana Añez* y utilizar tu cupón de descuento, escribiendo la frase «SOYLAVIDA» en el espacio destinado a *¿tiene un cupón?* Se te aplicará inmediatamente el 20 % de descuento en cualquiera de los cursos disponibles en esa página. Para ingresar solo debes escanear el siguiente código QR o entrar al siguiente enlace:

https://johanaanez.com/soy-la-vida-que-deseo-tener

¡Espero que lo disfrutes y que te ayude e inspire a continuar!

Con amor,
Johana

Referencias bibliográficas

Chopra, D. (2016). *Sincrodestino / The spontaneous fulfillment of desire: Harnessing the infinite power of coincidence* (G. H. Clark, Trans.). DeBolsillo.

Dyer, W. W. (2018). *Tus zonas mágicas. Cómo usar el poder milagroso de la mente / Real magic: Creating miracles in everyday life.* PRH Grupo Editorial.

Emoción | Definición | Diccionario de la lengua española | RAE-ASALE. (n. d.). *Diccionario de la lengua española.* Retrieved January 13, 2024, from https://dle.rae.es/emoci%C3%B3n#

Escalona, A. (2011). *Manual de practitioner en PNL.* Publicación Independiente.

Foundation for Inner Peace. (2015). *Cartas de sabiduría de un curso de milagros.* Gaia.

Goleman, D. (2010). *Inteligencia emocional* (D. González Raga, Trans.). Kairós, Editorial S.A.

Hill, N. (2012). *Piense y hágase rico.* Ediciones Obelisco, S. L.

Murphy, J. (2009). *El poder de tu mente subconsciente: Usando el poder de tu mente puedes alcanzar una prosperidad, una felicidad y una paz mental sin límites.* Arkano Books.

Real Academia Española. (n. d.). Espíritu | Definición | Diccionario de la lengua española | RAE-ASALE. *Diccionario de la lengua española.* Retrieved January 26, 2024, from https://dle.rae.es/espíritu?m=form

Time and effects on meditation (Tiempo y efectos en la meditación). (n. d.). *Yoga exercises | Miami Beach, FL-Indra Kaur.* Retrieved January 26, 2024, from http://thesecretsofyoga.com

Agradecimiento especial a Consuelo Mayor
por la energía aportada a este libro.

Sobre la autora

Johana Añez es pedagoga, *coach*, terapeuta y formadora, especializada en entrenamiento mental y gestión emocional. Con más de veinte años de experiencia en el ámbito formativo y más de diez en el *coaching* y la PNL, ha impactado positivamente en la vida de muchas personas, ayudándolas a conocerse mejor, fortalecer su confianza y gestionar sus pensamientos y emociones de manera equilibrada. Su enfoque único combina un acompañamiento cercano a través de sesiones individuales y grupales, una comunidad de apoyo y ejercicios prácticos que impulsan un avance real y sostenido. Su propósito es ayudarte a vivir una vida plena y con sentido. Esta obra es una invitación a experimentar ese viaje de transformación.